Verena Sommerfeld
Umgang mit Aggressionen

Verena Sommerfeld

Umgang mit Aggressionen

Ein Arbeitsbuch
für Erzieherinnen,
Lehrer und Eltern

Luchterhand

Die Deutsche Bibliothek – CIP-Einheitsaufnahme

Sommerfeld, Verena:
Umgang mit Aggressionen: ein Arbeitsbuch für Erzieherinnen,
Lehrer und Eltern / Verena Sommerfeld. – Neuwied; Kriftel; Berlin:
Luchterhand, 1996
ISBN 3-472-02721-5

Herausgegeben von der Redaktion klein & groß und Bernhard Schön

*Das Buch basiert in wesentlichen Teilen auf der Veröffentlichung
„Handreichung zum Umgang mit Gewalt" von Verena Sommerfeld,
herausgegeben von der Sozialpädagogischen Fortbildungsstätte Haus
am Rupenhorn, Berlin 1996.*

Redaktion: Bernhard Schön
Einbandgestaltung: Cornelia Barth
Titelfoto: Veit Mette
Satz: UNDER/COVER, Hamburg
Druck: Wilhelm & Adam, Heusenstamm
Printed in Germany, Juli 1996

∞ Gedruckt auf säurefreiem, alterungsbeständigem und chlorfreiem Papier

Inhalt

Kapitel 8

Einleitung

„Die Kinder sind heute einfach anders!"

Mit diesem Satz drücken Erzieherinnen ihr Gefühl aus, daß sich das Verhalten von Kindern verändert habe. Sie meinen damit die wachsende Aggressivität auch unter Kindern, das Thema dieses Buches. Wie können wir damit umgehen? fragen sich viele Teams. Auf jeden Fall nur gemeinsam statt einsam. Diesem Buch liegt die Auffassung zugrunde, daß aggressives Verhalten eine Reaktion auf Belastungen und Einschränkungen ist, und zwar nicht nur in Familien, sondern auch in Institutionen für Kinder.

Mit Aggressionen umgehen heißt deshalb ganz grundlegend, für sich oder besser zusammen mit Kolleginnen, die eigenen Ziele und die tägliche Arbeit zu überdenken und neue Wege zu finden. Dazu möchte ich Denkanstöße geben.

Gewalt ist keine krankhafte Veranlagung, sondern ein Weg, Konflikte zu lösen. Gewalttätiges Verhalten wird gelernt – Alternativen dazu können auch gelernt werden. Das geht nicht von heute auf morgen. Ich hoffe, daß mein Buch Ihnen dazu Anregungen und auch Anleitung gibt, um diese Alternativen zu finden.

Wie Sie mit diesem Buch arbeiten können
Der polnische Pädagoge Janusz Korczak schrieb einmal für seine Leser: „Jedesmal, wenn du ein Buch fortgelegt hast und beginnst, den Faden eigener Gedanken zu spinnen, hat das Buch seinen beabsichtigten Zweck erfüllt."

Wenn Sie ein wenig hin- und herblättern, fallen Ihnen sicher verschiedene Fragebögen und Arbeitsblätter auf, die Ihnen dieses Weiterspinnen erleichtern sollen. Ein Grundprinzip durchzieht mein Arbeitsbuch: Am Ende jedes Abschnitts finden Sie Fragestellungen und Beobachtungsaufgaben, die eine Verbindung herstellen zwischen dem Text und Ihrem Arbeitsfeld.

In den Kapitel 2, 3 und 4 geht es zunächst um gesellschaftliche Grundlagen, Bedingungen und Ursachen. Wovon reden wir eigentlich, wenn wir über Gewalt und Aggression sprechen, meinen wir alle dasselbe?

Die Kapitel 5, 6, 7 und 8 greifen an zahlreichen Beispielen Situationen und Fragestellungen aus dem Alltag in Kindergarten und Hort auf.

Im 5. Kapitel finden Sie Materialien, die Ihnen die Wechselwirkungen von aggressivem Verhalten zwischen Erwachsenen und Kindern verdeutlichen.

Das 6. Kapitel regt dazu an, Verhalten einzelner Kinder – der sogenannten Problemkinder – zu beobachten und innerhalb der Umweltbedingungen zu verstehen. Kapitel 7 und 8 greifen Bereiche auf, die für die konzeptionelle Diskussion der Kindereinrichtung wichtig sind, wie z. B. Elternarbeit, Jungen – Mädchen, Spielzeug und Medien.

Teamarbeit zum „Umgang mit Aggressionen"
Teams und Gruppen empfehle ich, mit einem Meinungsbild und der Erinnerung an die eigene Kindheit zu beginnen (Kapitel 1). Dafür sollten Sie sich mindestens eine Stunde Zeit nehmen.

Für die weitere Arbeit ist es sinnvoll, wenn jede Kollegin für sich aufschreibt: Welche Fragen habe ich zu diesem Thema? Einige Kolleginnen erklären sich bereit, die Fragen zu sortieren (und z. B. auf einer Wandzeitung aufzukleben). Dabei stellt man fest, welche Fragen besonders häufig genannt wurden und ob sie sich unter bestimmten Bereichen zusammenfassen lassen. Wahrscheinlich haben Sie danach schon Anhaltspunkte, welche Kapitel des Buches sie intensiver als andere bearbeiten möchten.

Beim Umgang mit Aggressionen ist vieles „Ansichtssache". Das beginnt bereits beim Gebrauch der Begriffe, wie Sie in Kapitel 4 feststellen werden. Nehmen Sie sich deshalb viel Zeit für den Austausch ihrer eigenen Empfindungen und Gedanken. Versuchen Sie nicht, schnell „auf Biegen und Brechen" zu einem Konsens zu kommen – z. B. welche Grenzen und Regeln gelten –, sondern halten Sie schriftlich verschiedene Meinungen im Team fest.

Bei den Kapiteln 2, 3 und 4 haben Gruppen zwei Möglichkeiten: Jede liest die Abschnitte für sich und dann wird darüber diskutiert. Sie können aber auch arbeitsteilig vorgehen: Je eine oder mehrere Kolleginnen bereiten einen Abschnitt vor und tragen die zentrale Aussage und Fragestellung in der Gesamtrunde vor.

In den Kapiteln 5–8 geht es um Ihre persönlichen Grenzen und Reaktionen. Die Fallbeispiele sollen Sie anregen, sich selbst und die Kinder genauer zu beobachten. Vielleicht haben Sie die Möglichkeit, innerhalb einer kollegialen Beratung, Fachberatung oder Supervision regelmäßig Fallbesprechungen zu bearbeiten.

Das Buch ist aus meiner Fortbildungsarbeit entstanden, d. h., die Gruppen hatten zwei bis drei Tage Zeit, keine Störung und eine angenehme Atmosphäre.

Auch wenn Sie weniger Zeit zur Verfügung haben, sollten Sie jeweils zwei bis drei Stunden einplanen, um ein Thema in Ruhe zu bearbeiten. In diesem Zeitraum kann man eins der ersten Kapitel gut schaffen. Bei den Kapiteln 5–8 kam es mir sehr darauf an, Ihren Erfahrungsaustausch anzuregen. Wenn Sie z. B. eine regelmäßige Arbeitsgemeinschaft von zwei Stunden haben, nehmen Sie sich nur einen Abschnitt von drei bis fünf Seiten vor. Die Fragen am Ende – und eigene neue Fragen – können Ausgangspunkt sein für Beobachtungen, die Sie zwischen Ihren Treffen festhalten.

„Die Kinder sind heute viel aggressiver als früher."

„Tritte ins Gesicht und andere Gewaltausbrüche kleiner Kinder stellen Erzieherinnen in den Kindertagesstätten des Bezirkes zunehmend vor Probleme."

(Volksblatt Berlin-Tempelhof, 9.1.1995)

„Die Kleinen spucken und beißen, kratzen und treten. Wie Kinder sich heute aufführen, klagt die Leiterin einer Kölner Kindertagesstätte, das ist nicht mehr normal."

„Im Hort tauchen Waffen auf – das gab es früher nicht."

(Spiegel, 3/1994, S. 70)

„Kaum ein Tag, an dem es nicht neue Schreckensmeldungen aus Kinderzimmer, Kindergarten und Schule gibt: von Monsterkindern, die ihre Eltern terrorisieren, von Kindergarten-Rambos, die am liebsten montags aggressionsgestaut Spielgefährten verprügeln..."

„Es gibt keine Hemmschwellen mehr..."

(Spiegel, 9/95, S. 41)

Kapitel 1

Sind Kinder heute aggressiver?

So was gab es früher nicht!?

„Schaut, die meisten Menschen legen ihre Kindheit ab wie einen alten Hut. Sie vergessen sie wie eine Telefonnummer, die nicht mehr gilt. Ihr Leben kommt ihnen vor wie eine Dauerwurst, die sie allmählich aufessen, und was gegessen worden ist, existiert nicht mehr. Man nötigt euch in der Schule eifrig von der Unter- über die Mittel- zur Oberstufe. Wenn ihr schließlich drobensteht und balanciert, sägt man die ‚überflüssig‘ gewordenen Stufen hinter euch ab, und nun könnt ihr nicht mehr zurück! Aber müßte man nicht in seinem Leben wie in einem Hause treppauf und treppab gehen können? Was soll die schönste erste Etage ohne den Keller mit den duftenden Obstsorten und ohne das Erdgeschoß mit der knarrenden Haustür und der scheppernden Klingel? Nun – die meisten leben so! Sie stehen auf der obersten Stufe, ohne Treppe und ohne Haus, und machen sich wichtig.“

Erich Kästner

Sind Kinder heute aggressiver?

In den Medien, aber auch von Erzieherinnen und Eltern wird behauptet, die heutigen Kinder seien aggressiver, ja sogar gewalttätiger als früher. Was glauben Sie?

Entscheiden Sie sich ganz spontan und gefühlsmäßig:

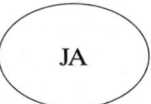
JA

NEIN

Aggressionen und Gewalt
unter Kindern
haben gegenüber
früher zugenommen

Aggressionen und
Gewalt unter Kindern
sind im großen und
ganzen wie früher

Wo stehen Sie? Sind Sie entschieden oder schwanken Sie zwischen „teils – teils"?
Vergleichen Sie auch unter Kolleginnen: Sind Sie ähnlicher Meinung, unterschiedlicher Meinung – und wie sind die Begründungen?

Meine Begründung:

Arbeitsblatt

Wie war es eigentlich in meiner Kindheit?

Bearbeiten Sie diesen Fragebogen allein oder in der Gruppe.
Wo war überwiegend mein Lebens- und Spielraum: Wohnung, Straße, Kindergarten, andere Institutionen für Kinder?

- Gab es Spielorte, die verboten waren, wo wir Kinder uns aber dennoch aufhielten?
- War ich überwiegend beaufsichtigt – unbeaufsichtigt?
- Welche Bedeutung hatten ältere – jüngere Geschwister?
- Spielte ich überwiegend allein, zu zweit – oder in Gruppen, „Banden"? War ich dort „Anführer", „Bestimmer" oder „Geführter"? Hatte ich eine besondere Position in der Kindergruppe?
- Gab es Außenseiter, und wie wurde mit ihnen umgegangen?
- War ich eher „Täter" oder „Opfer", wenn Kinder geärgert, gehänselt oder verhauen wurden?
- Gab es Unterschiede zwischen Jungen und Mädchen?
- Griffen Erwachsene ein und wie?
- Gab es Geheimnisse, von denen Erwachsene nichts wußten?
- Wie wurde ich bestraft? Wovor hatte ich am meisten Angst?
- Empfinde ich bei meinen Erinnerungen an meine Kindheit eher Freude, Stärke oder fühle ich mich unbehaglich und ängstlich?
- Welche Rolle hat es für meine Entwicklung gespielt, für die Persönlichkeit, die ich heute bin?

Was uns bei Kindern Freude, Angst, Sorgen macht, ist nicht zu verstehen ohne die Erinnerung an die eigene Kindheit. Für Pädagogen ist sie ein wichtiges Arbeitsmittel. Wenn Sie etwas nicht verstehen, versetzen Sie sich zurück und fragen: Wie würde es mir als Kind in dieser Situation gehen?

Kapitel 2
Die Welt hat sich verändert

Kinder haben sich zu allen Zeiten geprügelt, andere gequält und gepiesackt. Woran liegt es, daß aggressives Verhalten heute so sehr im Blickpunkt der Öffentlichkeit steht? Eltern sind besorgt, und Erzieherinnen, Lehrerinnen und Lehrer, die schon länger im Beruf stehen und Vergleiche haben, meinen, die Kinder seien heute anders. Dieses „Anderssein" hängt mit Veränderungen in Familie, Gesellschaft und Erziehung zusammen, die in diesem Kapitel beschrieben werden sollen.

Unser Bild vom Kind: artig oder selbstbewußt?

Was Erwachsene für normal oder auffällig halten, ist abhängig von dem Bild, das sie von Kindern haben. Sind Kinder eigenständige Persönlichkeiten oder unfertige Wesen, die in allem auf unsere Lenkung angewiesen sind? Werden Kinder unschuldig und friedlich geboren oder haben sie eine wilde Natur, die gezähmt werden muß?

Jahrhundertelang dominierte das Bild von der „bösen" und wilden Natur des Kindes, die ihm mit der Rute ausgetrieben werden mußte. Das ungehorsame Kind verkörperte das Böse schlechthin. Die „Schwarze Pädagogik" sah sich in der christlichen Tradition, nach der erst die Züchtigung einen guten Menschen aus dem Kind macht. „Wer seine Rute zurückhält, der haßt seinen Sohn, doch wer ihn liebt, der sucht ihn mit Züchtigung heim" (nach Jaschke, 1990, S. 69).

Daß ein Kind Mensch von Anfang an ist und nicht erst dazu erzogen werden muß, ist ein relativ neues Bild vom Kind, es setzt sich erst im 20. Jahrhundert nach und nach durch. Reste alten Denkens finden sich aber durchaus noch z. B. in der Überzeugung, daß „ein paar hinter die Ohren" oder „ein kleiner Klaps" sinnvoll sei für die kindliche Entwicklung.

Was ein Kind gesagt bekam

Davon verstehst du noch nichts.

Das brauchst du nicht zu wissen.

Das ist nichts für Kinder.

Dafür bist du noch zu klein.

....

....

....

Was bekamen Sie als Kind gesagt?

Diese Sätze drücken aus, wie selbstverständlich Kinder früher von der Welt der Erwachsenen ausgeschlossen wurden. Entweder, weil man annahm, daß ein Kind einfach zu dumm und unvernünftig sei oder das kindliche Gemüt nicht belastet werden dürfe.

Vielleicht gehören Sie schon zu einer Generation, wo dies nicht mehr so war und Kindern die Fähigkeit zugestanden wurde, über sich selbst zu bestimmen. Innerhalb weniger Jahrzehnte hat sich seit den 70er Jahren das Bild vom Kind gewandelt.

„Frech" – das war für die Generation unserer Eltern und Großeltern oft noch ein Schimpfwort. Das brave und artige Kind, das man sehen, aber möglichst nicht hören sollte, war das Ideal der bürgerlichen Familie. Dies galt zumindest für die Mädchen, Jungen wurde „Lausbubenverhalten" in einem gewissen Rahmen zugestanden.

Das neue Leitbild vom selbstbewußten, durchsetzungsfähigen Kind ist eine Folge gesellschaftlicher Veränderungen. Die moderne, sich ständig verändernde Konsumgesellschaft braucht nicht mehr den angepaßten, bescheidenen Untertan, sondern ein konsum- und entscheidungsfreudiges Individuum, das allein seinen Weg findet.

Was erwarten Sie von Kindern?

....

....

Gibt es Unterschiede zwischen Ihren Wünschen und den Erwartungen von Eltern?

Erzieherinnen aus den alten (ABL) und neuen (NBL) Bundesländern wurden in einer Untersuchung der Universität Koblenz-Landau zu ihren Zielvorstellungen befragt. Auf einer Skala von 1 (= sehr wichtig) bis 5 (= unwichtig) wurden u. a. genannt.

	ABL Mittelwert	NBL Mittelwert
Kinder sollen lernen, nach dem Sinn und Zweck von Verboten zu fragen	2,4	2,3
Kinder sollen mitfühlend sein	1,4	1,8
Kinder sollen lernen, Konflikte im Gespräch zu lösen	1,3	1,4
Kinder sollen lernen, sich durchzusetzen	2,3	2,2
Kinder sollen lernen, sich solidarisch zu verhalten	1,7	2,3
Kinder sollen gehorsam sein	3,1	3,5

(Quelle: klein und groß, Heft Mai 1995, S. 23)

An erster Stelle wurde in der Befragung „Konflikte lösen durch Gespräche" genannt. Diese Fähigkeit ist wichtig, jedoch wird manchmal vergessen, daß sie sich im Vor- und Grundschulalter erst über viele Zwischenschritte entwickelt. In mancher Hinsicht werden Kinder heute wie „kleine Erwachsene" gesehen. Sie werden ernster genommen und beteiligt. Dafür wird von ihnen aber eher als bei früheren Kindergenerationen erwartet, über Konflikte zu reden, aggressive Gefühle zu kontrollieren, vernünftig zu argumentieren, sich nicht körperlich auseinandersetzen.

Kinder sehen sich heute einer Vielzahl unterschiedlicher, sich teilweise widersprechender Erwartungen gegenüber. So kann es sein, daß Eltern ihrem Kind gleichzeitig nahelegen, sich mit dem Lehrer gutzustellen wegen der Noten, sich aber auch nicht alles gefallen zu lassen. Sie freuen sich, wenn ihr Kind eigene Ideen hat, möchten aber letztendlich doch, daß es einsieht, was geht und was nicht geht. Das Kind soll selbstbewußt sein, ohne zu dominieren, es soll sich auch zurücknehmen können, ohne deshalb passiv zu sein.

Die Ratlosigkeit über das aggressive Verhalten von Kindern hat aber auch das Bild des „wilden Kindes" wieder zum Leben erweckt. „Gehört nach jahrtausendelangen Zähmungsversuchen des Wolfs im Menschen den Unerzogenen die Zukunft?" fragt der Spiegel (9/1995). In Zeitungsartikeln und Büchern wird eine ganze Kindergeneration zu „kleinen Tyran-

nen" erklärt, die nun ihrerseits die Eltern unter der Knute haben. Die
Werbung greift das neue Bild vom Kind auf. Den Eltern von „kleinen
Tyrannen" wird geraten, doch einfach die Wünsche ihrer Kinder zu erfül-
len. Sozialkompetente aufmüpfige Kinder lesen in den Werbefilmen und
-anzeigen der 90er Jahre den trägen Erwachsenen schon mal die Levi-
ten. Die Eltern sind einfach machtlos gegen die Konsumwünsche ihrer
schlauen kleinen Draufgänger und Energiebündel, die besser als ihre
schlaffen Mütter und Väter mit Technik umgehen können und den Durch-
blick haben. Wer erzieht hier wen?

Erziehungsstile:
Vom Gehorchen zum Verhandeln

Einige Kinder malen mit Wasserfarben am großen Gruppentisch. „Laß
das, du Blödmann", hört die Erzieherin Annika, 5, sagen. Sie dreht sich
um und sieht, wie Erhan, 6, mit dem nassen Pinsel Farbtropfen über den
Tisch spritzt. Einige Blätter der anderen Kinder sind schon bekleckert.
Die Erzieherin wartet ab. Gut, daß Annika sich wehrt, denkt sie, ich freue
mich, daß sie sich in letzter Zeit nicht mehr alles gefallen läßt. Annika steht
auf und bekommt den Pinsel zu fassen. „Dann muß ich ihn dir wegnehmen", sagt sie streng. Erhan lacht, es gibt ein Gerangel. Plötzlich fällt das
Wasserglas um. Vor Schreck läßt Annika den Pinsel los. Erhan gerät nun
aus dem Gleichgewicht und stößt sich an der Tischkante. Er verzieht vor
Schmerz das Gesicht. „Scheiße-Kacke-Annika" ruft er und zerknüllt
Annikas Blatt. Dann läuft er weg. Annika kämpft mit den Tränen. Die
Erzieherin geht zu Erhan und sagt: „Schau mal, wie es da aussieht."
„Wieso, sie hat das Glas umgeschmissen, muß sie auch saubermachen",
brüllt Erhan. „Erhan, überleg mal selbst, wie das Glas umgefallen ist."
Erhan dreht sich weg. „Ich möchte, daß du mir zuhörst, wenn ich dir etwas
sage. Das Schmutzwasser muß aufgewischt werden. Ihr beide wißt ja, wo
Eimer und Lappen stehen."

Zwar ist die Erzieherin der Meinung, Erhans Verhalten sei der Auslöser
des Streits der beiden Kinder gewesen. Sie hält aber nichts davon, Erhan
zu bestrafen. Sie möchte, daß er sich selbst Gedanken über sein Verhalten
macht und fordert ihn auf, über den Ablauf nachzudenken. In einem spä-
teren Gespräch will sie mit den Kindern klären, was sie hätten anders
machen können. „Ich möchte, daß die Kinder lernen, miteinander zu
reden."

So wie die Erzieherin sprechen sich viele Eltern heute für einen part-
nerschaftlichen Erziehungsstil aus. Während das Verhalten von Kindern
früher mehr kontrolliert und reglementiert wurde, sollen die Kinder ler-

nen, ihre Konflikte eigenständig zu lösen. Anstatt Schläge und Strafen sollen sie bei Fehlverhalten selbst herausfinden, wie sich der Konflikt entwickelt hat, und zu neuen Einsichten gelangen.

Früher gab es eindeutigere Grenzen von „gut" und „böse" und klare Benimm-Regeln, wer nicht gehorchte, wurde bestraft. Heute stecken Eltern und Pädagogen die Grenzen wesentlich weiter. Altgediente Weisheiten wie „Wer nicht hören will, muß fühlen! Strafe muß sein! Kinder brauchen eine starke Hand!" gehören für viele Eltern der Vergangenheit an.

Die äußere Kontrolle ist aber anderen Zwängen gewichen, die für die Kinder nicht weniger belastend sein können.

Frau T. holt ihren Sohn Marcus, 3, aus der Tagesstätte ab. „Marcus, wir müssen uns heute beeilen, ich muß noch einkaufen, und dann kommt doch heute die Oma." Frau T. hält ihrem Sohn den Anorak hin. Marcus verzieht das Gesicht. „Fang mich, fang mich", ruft er und rennt in den Garten zu den anderen Kindern. Frau T. kommt nach und sieht ihrem Sohn zu, der schon an der Rutsche ist. Na, etwas Zeit haben wir noch, ist ja so schönes Wetter, denkt sie und beginnt ein Gespräch mit der Erzieherin. Zwanzig Minuten später, Marcus hat inzwischen ein tiefes Loch im Sandkasten gegraben, erinnert Frau T., nun bereits etwas genervt, ihren Sohn: „Marcus, wir wollten doch noch einkaufen, ich kaufe dir auch den leckeren Kinder-Joghurt." „Mag ich nicht, bäh." „Na, weißt du denn nicht mehr, das ist doch der mit dem lustigen Zwerg." „Will ich nicht." „Dann kriegst du eben was anderes, aber jetzt komm." Als Marcus keine Anstalten macht, hockt sich Frau T. neben ihren Sohn. „Weißt du, Marcus, das finde ich jetzt nicht gut. Jetzt habe ich so lange auf dich gewartet. Wenn die Oma nachher vor der Tür steht, liegt das an dir. Willst du das? Guck mal, andere Kinder machen nicht so ein Theater." Marcus hält sich die Ohren zu. „Nicht gehen", jammert er. Als Frau T. ihn am Arm faßt, trampelt und schreit er. „Jedesmal dasselbe", stöhnt Frau T. Jetzt versuch ich schon auf ihn einzugehen, aber irgendwie eskaliert das immer, denkt sie.

Oft kann man beobachten, wie gerade kleinere Kinder sich gegen die „vernünftigen" Argumente von Erwachsenen wehren, indem sie sich die Ohren zuhalten, schreien, trampeln, unruhig werden oder sonstwie zeigen, daß sie nicht mehr können. Zwischen Eltern und Kindern spielen sich Machtkämpfe ab, bei denen mal der eine, dann der andere gewinnt.

Besonders stressig scheint es zu sein, wenn hinter den ruhig vorgetragenen Argumenten der Erwachsenen gar keine Emotion mehr zu spüren ist wie im Fall von Marcus' Mutter. Bei einer entschiedenen Haltung von Frau T. hätte Marcus zehn Minuten wütend auf seine Mutter sein „dürfen". Jetzt darf Marcus nur wütend auf sich selbst sein, weil er es nicht schafft, vernünftig zu sein, und im Widerstreit seiner Gefühle sich selbst den Lieblingsjoghurt verweigert.

Im *5. Familienbericht für die Bundesrepublik Deutschland* heißt es, der autoritäre, auf Gehorsam bedachte Erziehungsstil sei durch einen eher verunsicherten Erziehungsstil der Eltern abgelöst worden. Das innerfamiliäre Klima ist dabei häufig durch einen Wechsel von positiven und negativen Stimmungslagen zwischen Eltern und Kindern geprägt. (5. Familienbericht, S. 82 f.)

Ein älterer Schüler berichtet, wie er den Freiheitsspielraum, den ihm die Eltern ließen, erlebt hat: „Früher war das vielleicht ganz offenkundig, da wurde das gesagt, da hatte der Vater das Machtwort, und damit war die Sache entschieden. Und gerade bei mir war das sehr stark, daß mein Vater immer gesagt hat, na, ich müsse ja wissen, was ich zu tun habe. Und damit war schon gesagt, was ich zu tun hatte. Denn dies war immer meine freie Entscheidung, und ich hab' das gehaßt. Weil, dann konnte ich mich ja nie gegen die Vernunft entscheiden. Und die Vernunft war ja so und so das, was meine Eltern gesagt haben... Meine Eltern sagten nie, das dürfe ich nicht." (Geulen/Schütze 1981, zitiert bei Büchner, S. 199)

Gegenüberstellung typischer Erziehungspraktiken

Früher	*Heute*
eindeutig	mehrdeutig
du mußt...	Überleg mal...
man tut das nicht...	probier es aus...
das ist nun mal so...	das mußt du selbst entscheiden...
Kontrolle	Wechsel zwischen Gewährenlassen und Eingreifen
klare Grenzen	Grenzen sind aushandelbar, müssen deshalb immer getestet werden
Angst vor Strafe Fremd-Kontrolle	Angst vor Versagen Aufforderung zur Selbst-Kontrolle
Hemmung von Aggressionen, aber Aggressionen und Affekte wurden ausgelebt, wo die Kontrolle der Erwachsenen fehlte!	Verurteilung von Aggressionen Ideal des selbstverantwortlichen, vernunftgesteuerten Menschen

Sicher handeln nicht alle Erwachsenen in der hier beschriebenen Weise, sie orientieren sich jedoch weitgehend an diesem Leitbild. Ihre Wunschvorstellungen gehen dahin, die Kinder freier zu erziehen und ihnen mehr zu erlauben, als die eigenen Eltern es taten. Als „Gegenleistung" für diese Anerkennung kindlicher Bedürfnisse erwarten sie aber auch, daß das Kind freiwillig einsieht, was es nicht tun soll. Kinder merken aber recht schnell, ob sie wirklich dürfen, was sie wollen oder was sie sollen.

Wenn Eltern und auch Pädagogen mit ihrem eigenen hohen Anspruch nicht zurechtkommen, kommt es zu einem erzieherischen Zick-Zack-Kurs: „Ich habe es im Guten versucht, aber das Kind/die Kinder können mit der Freiheit nicht umgehen. Jetzt werden die Zügel wieder angezogen." Für manche Kinder ist es zusätzlich verunsichernd, in Elternhaus, Kindertagesstätte, Hort oder Schule unterschiedlichen Anforderungen und Grenzen zu begegnen.

Die Achtung des eigenen Willens wird 1980 als verbindliches Erziehungsziel im Bürgerlichen Gesetzbuch festgeschrieben; der Begriff der elterlichen Gewalt abgelöst durch die elterliche Sorge. Im § 1626 BGB heißt es seitdem, daß die Eltern mit dem Kind entsprechend seinem Entwicklungsstand die Fragen der elterlichen Sorge besprechen und Einvernehmen anstreben sollen.

Was das für Kindertagesstätten heißt, führt eine Veröffentlichung des Hessischen Sozialministers näher aus. Kinder haben ein Recht auf die freie Entfaltung ihrer Persönlichkeit. Insofern hat ein Erzieher die Aufsicht so zu führen, daß er
– „anregt (statt zu verbieten)
– vorschlägt (statt anzuordnen)
– motiviert (statt zu belehren)
– bestärkt (statt zu kritisieren)".
(Schmitt-Wenckebach, Aufsichtspflicht im Kindergarten, hrsg. vom Hessischen Sozialminister, Wiesbaden o. J., zitiert in Preuß-Leusitz, S. 11)

Wie einigt man sich mit Kindern, wenn diese etwas anderes wollen als man selbst? Wie bringt man Kinder ohne Druck dazu, auf Wünsche von Erwachsenen einzugehen?

Wenn die eigenen Fähigkeiten dazu nicht ausreichen, greifen viele Erwachsene zur „sanften Gewalt". Was früher erzwungen wurde, wird nun in einem subtilen Machtkampf durchgesetzt, körperliche Strafen sind emotionalem und psychischem Druck gewichen. Oder Erwachsene geben ganz einfach auf und bestätigen damit kindliche Allmachtsgefühle.

Was sagten und dachten Ihre Eltern über Kinder?
Was denken Sie selbst heute darüber?
* *Im großen und ganzen stimme ich damit noch überein.*
* *Ich möchte auf jeden Fall anders erziehen.*
Welche unterschiedlichen oder auch gegensätzlichen Auffassungen erleben Sie in der Kita? Wie gehen die Kinder damit um?
Welche Konflikte ergeben sich eventuell daraus?

Welche Werte vertrete ich?

Unterstreichen Sie nicht mehr als fünf Werte, die Ihnen sehr wichtig sind. Markieren Sie in einer anderen Farbe die Werte, die sie ablehnen.

Gibt es Werte, die Ihnen zwar wichtig sind, die aber irgendwie unpassend sind in der heutigen Zeit?

Verzicht, Sittsamkeit, Höflichkeit, Pflichtbewußtsein, Opferbereitschaft, Demut, Selbstkontrolle, Autorität, Gemeinsinn, Sparsamkeit, Einordnung, Traditionsbewußtsein, Heimatverbundenheit, Bescheidenheit, Anstand, Treue, Artigkeit, Anpassungsfähigkeit, Gehorsam

Mobilität, Respekt, Direktheit, Genuß, Selbstverwirklichung, Ich-Stärke, Selbstbehauptung, Individualität, Durchsetzungsvermögen, Spontaneität, Expressivität, Kreativität, Zurückhaltung, Toleranz, Konfliktfähigkeit, Gewaltfreiheit.

„Du mußt ein Schwein sein in dieser Welt…

…Schwein sein,
Du mußt gemein sein in dieser Welt, gemein sein…"
So besingt die Popgruppe „Die Prinzen" ein Lebensgefühl der 90er Jahre.

Kinder und Jugendliche wachsen heute mit einer „doppelten Botschaft" auf: Einerseits werden ihnen Rücksichtnahme, Toleranz und Kooperation nahegebracht, andererseits erfahren sie überall, daß es sich nicht wirklich lohnt, anständig zu sein. Wer danach lebt, wird bestraft. „Wenn Jugendliche aggressiv und gewalttätig sind, dann kopieren sie in ihrer eigenen, unverstellten und spontanen Form teilweise nur diese von den Erwachsenen kaschierten und verdeckten Formen der direkten und indirekten Gewalt." (Hurrelmann, S. 36)

Eine Zunahme der „Ellbogen-Mentalität"

Gießen. (dpa) Ein „Umdenken unserer Risikogesellschaft" hat der Gießener Psychoanalytiker Professor Horst-Eberhard Richter gefordert. „Ohne den revolutionären Wandel von einem Gesundheitsideal des Stärkekults zu einer alternativen Ehrfurcht vor dem Leben" sei der Weg der Menschen in eine atomare oder ökologische Katastrophe unausweichlich, sagte Richter gestern bei einer Fachtagung des Deutschen Kollegiums für Psychosomatische Medizin in Gießen.

Eine bundesweite Erhebung des Gießener Zentrums für Psychosomatische Medizin habe gezeigt, daß die „Ellbogen-Mentalität", die rücksichtslose Selbstbehauptung gegenüber der Konkurrenz verbunden mit wachsender Selbstsucht in der Bundesrepublik zunimmt. Innere Besinnlichkeit, Anteilnahme an anderen oder gar Mitleid nehme dagegen ab. Solidarität mit Schwäche und Leid bleibe auf der Strecke und finde sichtbaren Niederschlag in der Vernachlässigung Behinderter, chronisch Kranker und gebrechlicher Alten.

Kinder dagegen verfügten noch nicht über die Verdrängungsfähigkeiten der Eltern, sagte Richter. Das zeigten internationale Untersuchungen, wonach drei Viertel der Kinder mit der Furcht vor einer weltweiten Umweltkatastrophe lebten.

Bonner Generalanzeiger v. 11.11.1989

Kindertagesstätten, Horte und Schulen sollen Kinder unter anderem vorbereiten auf zukünftige Lebenssituationen. Doch wie lassen sich diese charakterisieren? Schlagworte und Bestseller wie „Raff-Gesellschaft", „Jeder ist sich selbst der Nächste", „Die Ehrlichen sind die Dummen" zeigen, was viele Erwachsene von ihrer Gesellschaft halten.

Individualistische Werte sind in den letzten Jahrzehnten immer wichtiger geworden, so daß nun zum Makel wird, was früher als Tugend galt. Jemand, der sich und seine Fähigkeiten nicht ins rechte Licht zu setzen weiß, ist reif für ein Selbstbehauptungs-Training. Kinder, die sich überhaupt nicht durchsetzen können, gelten als ebenso verhaltensauffällig wie gewalttätig.

Wenn Kinder heute nach der Devise „Jeder ist sich selbst der Nächste" erzogen werden, ist das ja nur ein Spiegelbild dessen, was viele Erwachsene selbst erleben und glauben, an ihre Kinder als Überlebensfähigkeit weitergeben zu müssen. Die eigenen Bedürfnisse und Empfindungen ernstzunehmen und auch gegen den Widerstand anderer behaupten zu können, ist in unserer unübersichtlichen Risiko-Gesellschaft überlebensnotwendig. Der Untertan, für den Ruhe und Gehorsam die erste Bürgerpflicht war und der auch in Diktaturen „nur seine Pflicht tat", kann kein Leitbild mehr sein.

Die Zukunft macht angst

Lohnt es sich, erwachsen zu werden? Ältere Kinder klagen Erwachsene an, ihnen eine kaputte und korrupte Welt zu hinterlassen, die nicht mehr lebenswert ist. Sozialpsychologische Untersuchungen zu Umweltängsten von Kindern haben ergeben, daß dies nicht nur eine Minderheit von Kindern aus „Öko-Familien" ist, sondern ein grundlegendes Lebensgefühl der heutigen Kinder-Generation.

Berlin im Jahr 3000

„Ich stelle mir das Jahr 3000 sehr grausam und traurig vor. Die Technologie ist schon so weit entwickelt, daß es wahrscheinlich Roboter geben wird, die für die Menschen arbeiten werden. Die Menschen sind dann faul und dick, so daß sie nichts mehr alleine tun können. Diese Lage werden die Roboter ausnutzen und die Menschheit angreifen, um sie auszulöschen. Berlin wird die wichtigste Stadt sein und damit auch das Hauptquartier. Dort müssen die Menschen in riesigen Arbeitslagern schuften, um Eisen aus der Erde zu gewinnen. Mit diesem Eisen werden neue Roboter gebaut, bis es Milliarden sind. Es werden immer mehr Erdteile angegriffen und ausgebeutet. Es wird blutige Kämpfe geben, und viele Menschen sterben in den Kriegen. Die

Roboter rotten die ganze Menschheit aus und entnehmen der Erde, den Pflanzen und sogar den Tieren alles Eisen, was sie im Körper haben. Den Robotern wird einzig und allein das Eisen wichtig sein. Doch die Roboter werden über die Folgen der Ausbeutung nicht nachdenken. Die Erde wird vernichtet, und somit auch die Maschinen. Die Roboter werden zu tief graben und auf das glühende Feuer im Erdreich stoßen, welches sie dann auch zerstört." (Filip Voloder, aus: Senatsverwaltung..., S. 57)

Kinder- und Jugendforscher meinen, Kinder erlebten diese psychische Anspannung als permanente Streß-Situation. Die meisten Kinder versuchen diese Gefühle zu verdrängen, zumal sie von Erwachsenen keine Reaktion erhalten. Kinder sind entmutigt, weil „mir niemand zuhört" und sie zu viele entmutigte oder gleichgültige Erwachsene erleben. Diffuse Angstgefühle, psychosomatische Beschwerden, aber auch aggressives Verhalten sind Ausdruck ihrer inneren Spannungen und Verlassenheit. (Vgl. dazu Petri 1992)

Für Pädagogen ist es notwendig, sich mit den eigenen resignativen und pessimistischen Gedanken und Gefühlen auseinanderzusetzen. Das eigene Gefühl, von der Gesellschaft und den Eltern ausgenutzt und nicht wertgeschätzt zu werden, gegen eine ständig sich verschlimmernde Entwicklung nicht anzukönnen, kann hilflos und mutlos machen. Es geht nicht um Zweck-Optimismus und künstlichen Frohsinn. Genauso wenig tut es den Kindern und einem selbst aber gut, den eigenen Frust ständig zur Schau zu tragen. Halten Sie die negativen Gefühle der Kinder aus und reden Sie sie nicht weg. Bei Kindern steht oft beides – Freude und Schmerz – unvermittelt nebeneinander. Genießen Sie mit ihnen intensiv Lebensfreude und Begeisterung.

Wie ist meine eigene Haltung zur gesellschaftlichen Entwicklung?

Lebe ich ein pessimistisches Lebensgefühl vor? Welche Zukunftsträume und -erwartungen habe ich?

Sehe ich selbst Möglichkeiten, gesellschaftliche Entwicklungen zu beeinflussen?

Wann empfinde ich Lebensfreude und Sinn in meinem Tun? Wie bringe ich das den Kindern gegenüber zum Ausdruck?

Was begeistert mich? Wie kann ich die Kinder daran teilhaben lassen?

Familiensituationen: Versagen die Eltern?

Wenn Kinder und Jugendliche aggressiv und gewalttätig sind, werden die Ursachen meist in ihren Familien gesucht. Erklärungen für Verhaltensauffälligkeiten lassen sich viele finden:

- Entweder denken die Eltern nur an Beruf und Karriere und vergessen darüber ihre Kinder – oder frustrierte Hausfrauen erziehen unzufriedene Kinder
- Kinder leiden unter Trennungen – oder auch in Ehen, die nur noch Fassade sind
- Mütter überschwemmen ihr Kind mit Gefühlen – oder sind kalt und desinteressiert
- Eltern fordern gar nichts – oder überfordern ihre Kinder
- Eltern ziehen entweder gar keine Grenzen – oder sind im Gegenteil zu streng

Gibt es denn die „normale" Familie gar nicht mehr?

Unbestreitbar leiden viele Kinder in und an ihren Familien. Von manchem wird dies jedoch als ausschließlich persönliches Versagen von Müttern und Vätern in einer ansonsten intakten Umwelt gesehen. Die „heile" Familie war jedoch immer mehr ein Wunschbild als die Wirklichkeit. Dieses Leitbild mit seinen klaren Aufgabenteilungen zwischen Müttern und Vätern war in der Nachkriegszeit in den alten Bundesländern prägend. In einer Phase materiellen Wohlstands, geringer Frauenerwerbstätigkeit und niedriger Scheidungsraten war die Familie so stabil, daß sich pädagogische Institutionen wie Kindergarten und Schule „ergänzend" darauf beziehen konnten.

Obwohl diese Familienform lange Zeit als natürlich und normal erschien, hat es sie historisch nur kurze Zeit und auch nur in bestimmten Gesellschaftsschichten gegeben. Kindheit war keineswegs immer behütet und umsorgt, sondern „ein Alptraum, aus dem wir gerade erst erwachen" (Lloyd de Mause). Kindermißhandlung, Kindestötung, Vernachlässigung, Kinderarbeit waren eher die Norm als liebevolles Versorgtwerden und die Möglichkeit, zu spielen und zu lernen. Die Mehrheit der Kinder lebte bis in die Nachkriegszeit immer in bitterer materieller Armut, jüngere wurden von Geschwistern und Verwandten versorgt, Väter waren im Krieg, hatten lange Arbeitstage, und auch Mütter waren als Fabrikarbeiterinnen, Dienstmädchen oder in Heimarbeit erwerbstätig.

Normal ist heute, daß es keine Norm mehr gibt. Traditionelle Bindungen und Beziehungen brechen in allen Lebensbereichen auseinander. „Nichts ist unmöglich" – wie es in einem Werbeslogan heißt. Statt vorgezeichneter Verhaltensmuster und Lebensentwürfe können und müssen die Individuen sich heute ihren persönlichen Weg zu Sinnerfüllung und Lebensglück selbst suchen. Geburt und Geschlecht entscheiden weniger über den Lebensweg als Flexibilität, Mobilität, Leistung und Wettbewerbsdenken.

Familienforscher betonen, daß Elternschaft und Familienleben heute viel schwieriger geworden sind. Dies erscheint zunächst einmal unverständlich, da der Lebensstandard höher ist und die Familien weniger Kinder zu versorgen haben. Der Familienbericht der Bundesregierung stellt fest, daß „Familien… ebenso wie die öffentlichen Dienste für Kinder heute im Regelfall weit intensivere Pflege-, Förder- und Erziehungsleistungen als je zuvor (erbringen), sie sind aber auch weit größeren Herausforderungen ausgesetzt". (S. 21) Wer sich Kinder „anschafft", wie es viele in der Konsumentensprache ausdrücken, sieht sich hohen pädagogischen Forderungen ausgesetzt und stellt diese meist auch an sich selbst. Kinder und Familienleben spielen aber in allen anderen gesellschaftlichen Bereichen praktisch keine Rolle. Vor allem die Vereinbarkeit von Familie und Beruf ist so schwierig, daß von einer strukturellen Rücksichtslosigkeit der gesellschaftlichen Verhältnisse gegenüber Familien gesprochen werden muß. Weil soziale Netzwerke fehlen oder sich auflösen, geraten Eltern zwangsläufig in Streß und Überforderungssituationen.

Wissenschaftler der verschiedensten Forschungsgebiete sind sich über die grundlegende Bedeutung eines positiven stabilen Familienklimas für die seelische Gesundheit der Kinder einig, stellen aber gleichzeitig fest, daß immer weniger Familien dazu in der Lage sind. Damit hat man zwar Schuldige gefunden, jedoch ändert sich für die Kinder wenig. Ohne weitreichende Veränderungen in der Arbeitswelt, im Städtebau und in sozialen Einrichtungen läßt sich dieses Dilemma nicht auflösen, und die Zahl der „Risiko-Familien" wird eher weiter zunehmen, so der Gewaltforscher Klaus Hurrelmann.

Die glückliche Familie – wenn das Ideal scheitert

In den Familien hat sich die Einstellung zum Kind geändert. Da Familie und Partnerschaft keine ökonomische Funktion mehr haben, steht die emotionale Intensität im Mittelpunkt. Die Erwartung, daß Kinder glücklich machen, und der Anspruch, das Kind auch glücklich und erfolgreich zu machen, führen zwangsläufig zu Enttäuschungen und Schuldgefühlen, die in einer erfolgsorientierten „Mir geht's gut"-Gesellschaft nur schwer gezeigt werden können. Leitbild ist die glückliche Familie mit stets ausgeglichenen Eltern, die einfühlsam auf die Bedürfnisse ihrer Kinder eingehen.

Das Konkurrenz- und Leistungsprinzip unserer Gesellschaft zeigt sich auch in Familien: Untersuchungen zeigen, daß mißhandelnde Familien ein extrem perfektes Familienideal haben. Die Eltern können mit Krisen nicht umgehen, können sich aber auch anderen nicht mitteilen aus Scham. In ihrem Zwang, alles unter Kontrolle zu halten, greifen sie zu den gleichen gewaltsamen Mitteln, die sie selbst als Kinder erlebt haben. Nach außen ist dagegen alles in Ordnung. Weil Kindererziehung nach herrschender Auffassung „Privatsache" ist, ist auch das Scheitern ausschließlich individuelle Schuld.

Entgegen dem Idealbild der gewaltfreien Familie geben für die alten Bundesländer 10 % der befragten Mütter und 8 % der Väter an, ihre Kinder unter Zuhilfenahme von Gegenständen zu züchtigen. (Engfer 1983, in Familienbericht, S. 86)

Obwohl Gewalt gegen Kinder nicht auf bestimmte soziale Schichten begrenzt ist, lassen sich besondere Streßfaktoren nennen, die die Ausübung von Gewalt begünstigen. Es sind dies insbesondere der Verlust des Arbeitsplatzes, finanzielle Probleme, fehlende Unterstützung und Hilfen, die zu Überforderungssituationen und Verlust des Selbstwertgefühls führen. Fehlende soziale Kontrolle z. B. in anonymen Wohngebieten und mangelnde Entlastung durch Nachbarschaft und Verwandtschaft sind weitere gewaltfördernde Bedingungen.

Wie entsteht Selbstvertrauen?

Die „Bindungsforschung" hat die grundlegende Bedeutung einer verläßlichen Beziehung zwischen Mutter (bzw. der entscheidenden Bezugsperson) und Kind untersucht. Die Art dieser Bindung in der frühen Kindheit ist prägend für das Selbstwertgefühl und das spätere Sozialverhalten. Sie entsteht in den ersten zwölf Lebensmonaten.

Elternteile, die sich ihrem Kind zuverlässig und prompt zuwenden, auf seine Signale reagieren, Nähe und Hautkontakt herstellen, ermöglichen dem Kind den Aufbau einer sicheren Bindung. So entsteht das oft zitierte „Urvertrauen" in die eigenen Kräfte und eine aktive positive Einstellung zur Umgebung, die auch durch Enttäuschungen und Zurückweisungen nicht erschüttert werden kann.

Kinder mit unsicheren Bindungen erleben die Mutter (oder andere Bindungsperson) als unzuverlässig und in ihrer Zuwendung widersprüchlich: Mal ist sie freundlich, dann aber weist sie Bedürfnisse nach Nähe, Kontakt, Trost und Zärtlichkeit zurück. Die Kinder werden unsicher, vermeiden aus Angst vor Zurückweisung nähere Beziehungen. Zuwendung und Ablehnung wechseln sich in unsicheren Bindungen ab und äußern sich in verschiedenen Formen von Desinteresse bis hin zu versteckten und offenen Feindseligkeiten.

Langzeituntersuchungen bestätigen, welche umfassende Auswirkung die Bindung in der frühen Kindheit auf das Selbstvertrauen und die sozialen Fähigkeiten von Kindern hat.

„Als die Kinder fünf Jahre alt waren, wurden bei ihnen Spiel, Konzentrations-
fähigkeit und Konfliktverhalten im Kindergarten beobachtet (Süß 1987). Kinder, die im Alter von einem Jahr sicher gebunden waren, zeigten doppelt so
lange Phasen der Konzentration im Spiel und größere Selbständigkeit, um
Konflikte mit anderen Kindern zu regeln, als die unsicher gebundenen. Diese
waren dagegen häufiger „grundlos" aggressiv, provozierten Feindseligkeiten
von anderen Kindern und waren sozial isolierter als jene.

Mit einer Bilderserie wurde die Wahrnehmung sozialer Konflikte erfaßt.
Unsicher gebundene Kinder unterstellten eine böse Absicht des Konflikt-
partners oder verkannten die Konfliktlage häufiger als sicher gebundene, die
insgesamt weniger verhaltensauffällig waren als jene. Das heißt:

Sicher gebundene Kinder können sich kompetenter den Herausforderungen des Kindergartens stellen und erleben häufiger ihre konstruktiven Fähigkeiten

bei der Regelung sozialer Konflikte,

bei der Kontaktaufnahme und

bei der befriedigenden Gestaltung von Spielen

als unsicher gebundene.

Eine Befragung der Erzieherinnen bestätigte diese Ergebnisse.

Die Auswirkungen der Bindungsqualität zeigten sich auch noch sehr deutlich im Alter von zehn Jahren (Scheuerer-Englisch, 1989): bei persönlichen
Problemen, z. B. der Absage einer Verabredung durch einen Freund, konnten die sicher gebundenen Kinder bessere Lösungsmöglichkeiten oder einen
konstruktiven Umgang mit dem Problem finden als die unsicher gebundenen, die eher in Trauer und Selbstmitleid verfielen."
(Wolf-Wedigo 1995, S. 48 ff.)

Welche Bedeutung haben diese Zusammenhänge für die Kindertagesstät-
te, können Erzieherinnen angesichts dieses bestimmenden Einflusses der
Familie überhaupt etwas bewirken? Einerseits können Kindergärten die
Geborgenheit der Familie nicht ersetzen. Wenn es aber gelingt, zu unsicher
gebundenen Kindern eine stabile Beziehung aufzubauen und sie auch bei
Problemverhalten nicht fallenzulassen, erleben sie in einem wichtigen
Lebensraum eine Kontrasterfahrung. Erzieherinnen werden die Kraft
dazu wohl nur aufbringen können, wenn die Arbeitsbedingungen und die
Atmosphäre in der Einrichtung positiv sind.

In Diskussionen um Gewalt und Aggression wird viel zu selten gefragt,
wie Kinder Streß und Entbehrungen überleben können, ohne gewalttätig
zu werden. Wo dieser Frage nachgegangen wurde, stieß man immer
wieder auf den Einfluß von Menschen auch außerhalb der Familien, die an
die Kinder „glaubten" und ihnen Halt geben konnten. Das klingt sehr
anspruchsvoll, vielleicht nach großen Taten. Im Alltag sind es aber die vie-

len kleinen Zeichen von Geduld, Freundlichkeit, Versöhnung nach Streit, die Mut machen.

Ist der Abbau von Gewalt eine Aufgabe der Pädagogen?

Von allen Seiten richten sich hohe Erwartungen an die Pädagogen in Kindergarten, Schulen und Freizeiteinrichtungen, was den Abbau von Gewalt angeht. Dabei fällt allerdings das Ungleichgewicht auf zwischen dem Ruf nach der Pädagogik, um gesellschaftliche Krisensymptome zu beheben, und der Ignorierung ihrer Vorschläge zur Verbesserung der Lebenssituation von Kindern und Jugendlichen.

Gewalt ist in allen Lebensbereichen, sozialen Gruppen und Generationen anzutreffen – auch wenn sie teilweise unter anderen Etiketten auftritt. Die Fixierung auf Kinder und Jugendliche und pädagogische Maßnahmen hat insofern auch „Sündenbock-Funktion", wenn andere Lebensbereiche ausgeklammert werden.

Kinder wachsen mit einem Paradox auf: Gewalt darf auf keinen Fall angewendet werden, sie ist jedoch allgegenwärtig. Wenn sie Erwachsenen bei ihren Gesprächen zuhören, erfahren sie außerdem noch oft, daß im Leben weiterkommt, wer rücksichtslos seine Interessen durchsetzt, und daß man gegen Gewalt nichts machen kann.

Von außen werden teilweise völlig unrealistische Erwartungen an Kindereinrichtungen gerichtet – innerhalb der Institutionen scheint es dagegen manchmal so, als könne man gar nichts tun.

Im Unterschied zu einigen Politikern, die öffentlichkeitswirksam mehr Engagement von Eltern und Pädagogen fordern, gehen viele Wissenschaftler letztlich von einer nachgeordneten Aufgabe der Pädagogik aus. Gewaltprävention könne Gewalt kurzfristig eindämmen, käme an die Ursachen jedoch nicht heran.

NAMEN UND NACHRICHTEN

„Schule und Spielzeug sind schuld"

Für Innenminister **Manfred Kanther** (Foto) sind Konfliktpädagogik und „monsterhaft häßliches Spielzeug" mit schuld an zunehmender Gewalt. Auf einer Tagung in Berlin sagte der CDU-Politiker: „Wenn in Schulen Konfliktpädagogik im Vordergrund steht, statt unsere Gesellschaft mit dem Ziel des Konsenses darzustellen, muß man sich nicht wundern, wenn Konflikte als prägendes Element der Gesellschaft empfunden werden." Damit die Gewalt im Fernsehen abnimmt, sollten Firmen ihr Werbegeld nur für Sendeplätze in gewaltfreiem Umfeld ausgeben.

Berliner Zeitung v. 19.10.1993

Heißt das, Erzieherinnen können nichts bewirken, solange sich Politik und Gesellschaft nicht verändern? Diese Ohnmacht-These ist genauso falsch wie ihr Gegenteil. Sozialökonomische Faktoren begünstigen zwar Gewalt. Der größte Teil der Kinder und Jugendlichen, die heute unter schlechten Bedingungen aufwachsen, wird aber nicht gewalttätig. Es gibt also noch weitere Bedingungen, die hinzukommen müssen, damit sich aggressives Verhalten ausprägt und dauerhaft stabilisiert. Dazu tragen die Personen, mit denen das Kind lebt, ihre Art der Zuwendung, Kontrolle und Bestrafung entscheidend bei. Zuneigung und Ermutigung helfen Kindern, in belastenden Lebenssituationen nicht aufzugeben.

Kapitel 3

Kindheit unter Aufsicht

Veränderte Kindheit – veränderte Kinder

„Die Kinder heute sind anders!" So bringen viele Erzieherinnen ihre Erfahrungen auf den Punkt. Und wie genau anders?

Die Lebensbedingungen von Kindern haben sich in den letzten Jahrzehnten extrem verändert, wie Ihnen vielleicht schon bei der Rückerinnerung an Ihre eigene Kindheit aufgefallen ist.

Kinder werden heute weitgehend rund um die Uhr in Institutionen betreut und beaufsichtigt. Sie sind aus dem öffentlichen Raum, aus Straßen und Innenstädten weitgehend „verschwunden". Zumindest in dichtbesiedelten Wohngebieten sind ihre Lebens- und Spielorte die Wohnung und die Kindertagesstätte. Familien mit entsprechendem Einkommen transportieren ihre Kinder darüber hinaus zu einer Vielzahl geplanter Freizeitangebote. Die Auseinandersetzung der Kinder mit ihrer Umwelt findet überwiegend mit „fertigen", speziell für Kinder angefertigten Materialien oder Spielwaren oder über Medien statt.

Kinder erweiterten früher ihren Erfahrungsraum von Lebensjahr zu Lebensjahr, ausgehend von der Wohnung, über die Straße und unmittelbare Nachbarschaft, zum Kindergarten und schließlich der Schule und das gesamte größere Wohngebiet. Sie lernten nach und nach einen überschaubaren Personenkreis kennen: Geschwister, Eltern, Verwandtschaft, Nachbarn und schließlich Kindergruppen. Diese langsame Horizonterweiterung ist aufgrund veränderter Lebensbedingungen durch eine Verinselung des Kinderlebens abgelöst worden.

Schon kleine Kinder werden zu verschiedenen Orten transportiert, um zu spielen und zu lernen. Das Raum- und Zeiterleben von Erwachsenen wird ihnen so aufgezwungen, schon Kleinkinder sehen sich einer Vielzahl von Kontakt- und Betreuungspersonen sowie verschiedenen Spielpartnern gegenüber. Dies trifft nicht nur auf leistungsorientierte Eltern höherer Bildungsschichten zu. Da Kindertageseinrichtungen fehlen oder die Öffnungszeiten nicht mit den Arbeitszeiten der Eltern übereinstimmen, „…ist jedes dritte null- bis dreijährige Kind und mehr als die Hälfte der drei- bis sechsjährigen Kinder auf drei und mehr Betreuungsformen täg-

Arbeitsblatt

Die Kinder sind heute anders

Überlegen Sie einmal, mit welchen Sätzen Sie das andere Verhalten
von Kindern heute beschreiben würden. Besprechen Sie Ihre Ergebnisse mit anderen Kolleginnen:
- die Kinder haben weniger Ausdauer
- sie sind unkonzentriert
- sie fangen dauernd etwas Neues an und finden es dann bald langweilig
- sie sind schwerer zu begeistern
- wenn wir sie nach ihren Wünschen fragen, nennen sie meist Video-
  spiele, Kino…
- sie haben keine Phantasie
- sie sind träge
- sie sind zappelig und unruhig

....

....

Teilen Sie diese Erfahrungen? Welche Beobachtungen machen Sie?

lich angewiesen." (5. Familienbericht, S. 77) Die Betreuungspersonen und Gruppen, in denen sich die Kinder aufhalten, stehen dabei keineswegs immer untereinander in Kontakt. Da sich Vorschulkinder außerhalb der Wohnung praktisch nicht mehr gefahrlos aufhalten können, bedeutet die zunehmende Zahl von Kursen und pädagogischen Angeboten auch, daß Familien, die daran z. B. aus materiellen Gründen nicht teilnehmen können, sozial isoliert und benachteiligt sind.

Erwachsene nennen es „Zerstörungswut"

Die Zubetonierung und Versiegelung von Freiflächen erfordert von Kindern Kreativität, um ihre Spiel- und Bewegungsbedürfnisse zu realisieren. Dabei lassen sich Kinder mit zunehmenden Alter nicht mehr auf die ihnen zugewiesenen Spielflächen einschränken, sondern erobern sich ihre Räume. Am schwierigsten ist dies für Kinder in den neueren Hochhaussiedlungen. Da gibt es auf der einen Seite die Spiel- und Sportflächen, Schulen und Kindertagesstätten mit pädagogisch konzipierten Angeboten, außerhalb dieser Räume ist aber fast jede Betätigung verboten.

„Wir haben irgendwie einen Weg in den Hochhaus-Keller gefunden. Da hatte jeder Mieter eine Box aus Maschendrahtgitter. Die Gitter gingen nicht bis zur Decke. Man konnte also oben rüberklettern. Da haben wir dann verstecken gespielt… Dann haben wir auch gespielt, wer die tollsten Sachen in den Verschlägen fand. Spielsachen, Trödelkram oder Kleider, die wir uns anzogen. Nachher wußten wir natürlich nicht mehr so genau, wo wir den Kram herhatten, und schmissen ihn einfach irgendwo rein. Manchmal ließen wir auch was ganz Tolles mitgehen. Natürlich kam es raus, daß da unten jemand ‚eingebrochen war'. Aber uns schnappten sie nie. So lernte man also ganz automatisch, daß alles, was erlaubt ist, unheimlich fade ist und daß das Verbotene Spaß bringt." (Christiane F., zitiert in Zeiher, S. 186)

Was Erwachsene dann sinnlose Zerstörungswut nennen, können für Kinder Versuche sein, ihre Umwelt zu gestalten und verändern. Pädagogische Angebote werden diese Situation nicht grundlegend verändern, sondern allenfalls etwas entschärfen, solange die Bedürfnisse der Kinder nicht städtebaulich und verkehrspolitisch beachtet werden.

Die „sanfte Gewalt“: Erwachsene sehen alles!

Viele Erwachsene berichten, daß ihre Eltern und Lehrer von Prügeleien, Bandenkämpfen, Mutproben usw. gar nichts wußten. Den Kindern gehörte die Straße, sie nahmen Baulücken und Freiflächen in Besitz. Die meisten Kinder besuchten nur vormittags den Kindergarten und die Schule, nachmittags war man mit Geschwistern und Freunden oft draußen.

Der Kinderalltag hat sich aber heute so verändert, daß es immer weniger Spiel- und Freiräume gibt, wo Kinder unbeobachtet und unkontrolliert Erfahrungen machen. Die Beaufsichtigung, Kontrolle und pädagogische Bevormundung in Institutionen hat zugenommen. Zwar ist die Erziehung weniger autoritär, andererseits wirkt die totale pädagogische Betreuung als „sanfte Gewalt“.

Eine Horterzieherin: „Selbst den Schulweg, wo wir früher trödelten und auch manchen Streit ausfochten, reglementieren wir noch! Aus Sorge tragen wir den Kindern auf, schnurstracks und in einer bestimmten Zeit von der Schule in den Hort zu kommen.“

Arbeitsblatt

Ein ganz normaler Tag

Bitte beschreiben Sie einen ganz normalen Tag eines Kindes in Ihrer
Gruppe vom Aufstehen bis zum Zu-Bett-Gehen.

Versetzen Sie sich in das Kind hinein:
Ich heiße .... und bin .... Jahre alt.

6.00   Wie sieht mein Tagesablauf vom Wachwerden bis zum Ein-
        treffen in der Kita aus?

7.00   Muß ich mich beeilen, darf ich trödeln?

8.00   Wie komme ich in die Kita, laufe ich, werde ich gefahren?

9.00   Was geschieht in der Kita?

10.00   Wie ist der Tag strukturiert durch Essens- und Schlafzeiten,
        feste Beschäftigungen?

11.00   Wie groß ist mein Bewegungs-Spielraum?

12.00   Wieviel Platz habe ich?

13.00   Wie lange darf ich ungestört einer Sache nachgehen?

14.00   Wie lange darf ich nach draußen, wer bestimmt das, was kann
        ich tun?

15.00

16.00

17.00

18.00   Was geschieht mit mir, nachdem ich abgeholt worden bin?
        Darf ich mich bewegen oder werde ich im Kinderwagen/
        Autositz festgeschnallt?

19.00   Gibt es einen festen Ablauf (z. B. Einkaufen, Fernsehen,
        Waschen, Essen)?

Überlegen Sie nun insgesamt:
- Wie sieht der Tagesablauf aus, wo geht es ums Funktionieren, wo sind selbstbestimmte Zeiträume?
- Wie hoch ist der Anteil der Sitzzeit, Wartezeit?
- Sind eher feinmotorische Tätigkeiten (Puzzeln, Schneiden, Ausmalen) erwünscht?
- Wie groß ist der Anteil passiver, rezeptiver Tätigkeiten (Fernsehen, Kassette)?
- Wieviel Minuten des Tages kann das Kind toben, sich frei bewegen, laut sein?
- Wie oft hat es Gelegenheit, seine körperlichen Grenzen zu spüren, ohne daß jemand eingreift?
- Wie kann es seine Kraft und Vitalität erfahren?
- Darf es seine Kreatitivät auch wild und lustvoll körperbetont ausdrücken?

„Stadtkinder verausgaben sich durchschnittlich nur noch 15 Minuten pro Tag körperlich."
(Klaus Bös, Professor für Freizeit- und Gesundheitssport, Universität Frankfurt/Main).

Nicht Aggression, sondern Bewegungsmangel

Diese Bedingungen prägen die körperliche und emotionale Entwicklung der Kinder, ihr Raum- und Zeiterleben und ihre Spielfähigkeit nachhaltig. Festgelegte Räume und Funktionen machen das Erkunden, Probieren, Verwerfen, Ändern, Neubeginnen oft überflüssig. *„Die Spieldauer ist dann eher kurz, sie ist oft sogar im vorgefundenen Handlungsprogramm festgelegt.... auf hergerichteten Spielplätzen (dauerte) mehr als die Hälfte sämtlicher Spielabläufe weniger als fünf Minuten, während in anderem Gelände nur knapp ein Drittel aller Spiele so kurz waren"*, stellten Kindheitsforscher an der FU Berlin fest. (Zeiher, S. 185)

Auch in den Funktionsräumen der Kindereinrichtungen dominieren feinmotorische Bewegungen. Wer zu Hause in einem minutiösen Ablauf funktionieren mußte, dann vielleicht im Kindersitz angeschnallt in die Kindertagesstätte transportiert worden ist und sich dort dann am Tisch mit einem Puzzle beschäftigt, bewegt sich zuwenig. Ein großer Teil der Rempeleien dürfte auf mangelnde Körperbeherrschung der Kinder zurückgehen. Wenn Erzieherinnen beobachten, daß viele Kinder heute nicht mehr wissen, „wann sie aufhören müssen", liegt das u. a. an fehlender Körpererfahrung. Können kommt eben auch von kennen, und wer seinen eigenen Körper nicht kennt und seine Grenzen nicht erfahren darf, wird ungeschickt und tolpatschig.

Ein fataler Kreislauf ergibt sich, wenn die Unkoordiniertheit und Zappeligkeit der Kinder dazu führt, ihren Bewegungsdrang noch weiter einzuschränken. Unruhige Kinder bekommt man nicht mit einem „nun sitzt doch endlich still" zur Ruhe.

„Man kann die Kinder im Garten gar nicht aus den Augen lassen", meint eine Erzieherin, „es passiert so viel." Um Unfälle zu vermeiden, haben die Kinder ganz klare Anweisungen, in welchem Alter sie auf welches Gerät klettern dürfen. Sportmediziner haben festgestellt, daß diese Einschränkungen die Kinder noch ungeschickter und unsicherer machen, dies führt zu weiteren Unfällen mit dem Ergebnis, man müsse die Kinder noch mehr beaufsichtigen.

Das Verbot realer Körpererfahrung macht die fantasierte Körperlust so faszinierend. Wenigstens in der Phantasie kann man mit He-man und den Power-Rangers ins Schwitzen kommen, klettern, springen, durch die Luft fliegen.

Bricht dann das Chaos aus?

Eine Kindertagesstätte kann sich ihre Rahmenbedingungen nicht aussuchen und gesellschaftliche Entwicklungen außer Kraft setzen.

Es gibt wichtige Einwände gegen Veränderungen:
„Natürlich sind die Räume zu klein für die vielen Kinder."
„Wenn wir sie noch mehr toben lassen, bricht das Chaos aus…"
„Die Eltern beschweren sich, wenn ihre Kinder verschwitzt sind."

Auf der anderen Seite: wenn alles beim Alten bleibt, sind die Kinder dauernd unruhig und überdreht, müssen zur Ordnung gerufen oder durch Beschäftigungen ruhiggestellt werden. Andere Kinder sind überängstlich und unsicher und müssen vor den „Rabauken" geschützt werden.

„Bewegung ist ein Mittel, die Welt zu erfahren. Die Kinder müssen sich die Welt handelnd – nicht durch Fernsehen oder Bücher – einverleiben. Sie müssen selbst über den Graben springen und auch mal reinfallen. Kinder, die keine derartigen Erfahrungen machen können, werden unsicher und ängstlich."
(Friedhelm Schilling, Institut für Motologie Universität Marburg, in: Die Woche, 28.10.94)

Die oft ersehnte Ruhe und Entspannung ist ohne körperliche Verausgabung, die erst müde macht, nicht zu erreichen.
Ein *„Bewegungs-Kindergarten"* braucht ein Konzept. Dazu gibt es mittlerweile Bücher und Materialien. Anregungen für eine Team-Diskussion können folgende Aspekte sein:
• Raumgestaltung: Innenräume, die vielfältige Körpererfahrung zulassen
• Alle Räume, Treppen, Nischen dürfen benutzt werden
• Spiele und Materialien für alle fünf Sinne
• Die Kinder können sich mit Materialien der Bewegungsbaustelle (Seile, Reifen, Netze, Bretter, Kisten usw.) ihren Bewegungsraum selbst gestalten
• Erzieherinnen haben Spaß an Bewegung
• Das Außengelände wird entsiegelt und ist von den Kindern gestaltbar
• Regentage sind kein Grund, um drinnen zu bleiben
• Erreichbare Naturräume werden häufig aufgesucht
• Die Wahrnehmung der Aufsichtspflicht wird in Beziehung zu diesen Zielen gesetzt

Beobachtungen in einer Kindertagesstätte

Die Kinder haben gefrühstückt. Timo und Christian verschwinden in den Nebenraum, wo sie begonnen haben, sich eine Piratenhöhle zu bauen. „Bleibt mal hier", ruft die Erzieherin ihnen nach, „wir haben gleich Musik und Bewegung." Die beiden Jungen stehen in der Tür. „Können wir nicht hierbleiben?" „Nein, ihr wißt doch, das geht nicht." Alle Kinder sollen ihre

Schuhe anziehen, da der Unterricht im Mehrzweckraum stattfindet, den die Kinder über den Hof erreichen. Die jetzt folgenden fünfzehn Minuten sind stressig, da Kinder sich die Schuhe wegnehmen, sich gegenseitig anrempeln und wieder ermahnt werden, bis endlich alle fertig sind. Die Musikstunde macht den Kindern Spaß. Als die Kinder zurückkommen, dürfen Timo und Christian noch eine halbe Stunde in den Nebenraum. Dann sollen sich alle Kinder die Hände waschen, weil es Mittagessen gibt. Nach dem Mittagessen wird der Nebenraum für die Kinder gebraucht, die schlafen wollen. Timo und Christian sollen etwas anderes machen. Sie beginnen verschiedene Sachen. Timo hat die Idee, von einem Tisch auf eine Matte zu springen. „Das geht jetzt nicht, unter uns schläft doch die kleine Gruppe", sagt die Erzieherin, „das hört man da." Später dürfen die Kinder wieder Piraten spielen. Sie erfahren, daß das Piratenschiff morgen abgebaut werden muß, weil Mittwoch Putztag ist.

So ist eben der Alltag, werden Sie denken. Dennoch: vieles ist so eingespielt, daß niemand mehr darüber nachdenkt, wie sich dieser Alltag auf die Kinder auswirkt.

Selbstvergessenes intensives Spiel braucht Raum und Zeit. Durchgeplante Tagesabläufe, Unterbrechungen, Warte- und Leerzeiten hemmen diese Fähigkeit.

Fördern wir eventuell Einschränkungen, z. B. durch
- häufigen Abbruch von Spielabläufen
- Starre Festlegung der Funktionsräume
- Belastung der Kinder durch im Hintergrund laufendes Radio oder Kassettenrecorder als Geräuschkulisse
- Verplanung der Kinder durch Förderangebote (Frühenglisch, Musikalische Früherziehung, Turnen)
- Kindergarten als Unterhaltungsstätte (Kino, Clown, Puppentheater, Zoo usw.)
- Unterbindung sinnlicher Erfahrungen durch zu viel „fertiges" Spielzeug
- Anschauen von Büchern statt Realerfahrung (Natur)

Aber da machen doch die Eltern nicht mit!

„Unsere Eltern fordern, daß dauernd etwas los ist. Wenn da kein Plan aushängt, meinen die, wir machen nichts mit den Kindern."

Es gibt Eltern, die die pädagogische Arbeit einer Tagesstätte tatsächlich an der Zahl der Höhepunkte messen. Ein Wochenplan, in dem jeden Tag ein Förderbereich ausgewiesen ist, gilt als Qualitätsmerkmal.

Um Eltern für die eigene Arbeit zu gewinnen, ist es wichtig, ihre Beweggründe ernstzunehmen. Eine leistungsbezogene Angebots-Pädagogik ist nicht „an sich" für sie wichtig. Sie möchten subjektiv „das Beste" für ihr Kind. Aus ihm soll etwas werden, es soll sich vielseitig entwickeln. Für die meisten Eltern ist ganz wichtig, daß ihr Kind in der Schule erfolgreich ist. Was liegt also näher, als schon im Kindergarten mit der Förderung zu beginnen? Noch dazu, wo die Kinder in diesem Alter so lernbegierig und offen sind. Wirtschaft und Gesellschaft funktionieren nach dem Leistungsprinzip „Schneller, besser, mehr" und „Zeit ist Geld". Für die meisten Menschen ist das so selbstverständlich, daß sie ihre Wünsche nach sinnlich-konkretem Erleben und Tun, Genuß und Muße auf den Urlaub verschieben. Ihr Maßstab ist die Arbeitswelt, die von abstrakt-symbolischen Vorgängen und multimedialer Vernetzung geprägt ist.

Wo sind Ansatzpunkte, um mit Eltern ins Gespräch zu kommen?

Horrorvisionen wie „Unsere Kinder im Leistungs- und Konsumstreß" setzen an Ängsten an und rufen Schuldgefühle und Abwehrreaktionen hervor. Positive Zielvorstellungen zeigen den Eltern dagegen, daß es um das Wohl ihrer Kinder geht. Ingenieure, Verkäuferinnen oder Postbeamte wissen in der Regel nicht sehr viel über Lernen und Entwicklung in der frühen Kindheit. Sie möchten aber möglichst alles richtig machen. Es ist wichtig, ihnen in verständlicher Form ohne Vorwürfe zu vermitteln, worauf die Erzieherinnen Wert legen.

„So fördern wir in der Kita Phantasie, Ausdauer und Konzentration" setzt an den Wünschen der Eltern für ihr Kind an.

Schreiben Sie konkret auf, worin sich Phantasie bei einem Dreijährigen zeigt, wie konzentriert Fünfjährige bei der Sache sind und ausdauernd, wenn sie etwas interessiert. Machen Sie zum Beispiel eine Fotowand, bei der die Entstehung der Piratenhöhle über mehrere Tage dokumentiert wird, und erklären Sie den Eltern, was dabei alles passiert ist. Die Kinder haben eine Idee, sie entwickeln einen Plan, sie suchen sich Materialien, sie konstruieren, sie probieren die Standfestigkeit, sie verwerfen und entwickeln neu, sie einigen sich, wie sie vorgehen wollen, sie bewältigen Konflikte.

Die Veränderung von Familie und Kindheit führt zu einer Vielzahl von Belastungen, auf die Kinder mit Gereiztheit, Unruhe, Unsicherheit und aggressivem Verhalten reagieren können. Kindertagesstätten, Horte und Schulen, die sich konzeptionell und real öffnen in den Stadtteil, tragen dazu bei, daß Räume, Straßen und öffentliche Orte für Kinder zurückerobert werden.

Ideen von Berliner Erzieherinnen

Erzieherinnen aus Berlin-Kreuzberg überprüfen ihre Konzeption auf aggressionsmindernde Faktoren:

- Den Kindern so viel Freiräume wie möglich für Bewegung und Toben schaffen
- Möglichkeiten, allein rauszugehen in den Garten/ins Freigelände
- unseren eigenen Bewegungsmangel überwinden
- unsere Regeln überprüfen: sind sie wirklich im Interesse der Kinder oder dienen sie unserer Bequemlichkeit, oder beugen wir uns den Vorgaben der Wirtschaftskräfte (Kinder müssen im Spätdienst stillsitzen, weil geputzt wird)?
- dem Leistungsdruck der Eltern nicht nachgeben
- dem Trend zur Verplanung der Kinder nicht folgen
- die Flure mehr nutzen, mehr Platz schaffen zum Bewegen und für unbeobachtete Ecken
- die Bäder auch mitnutzen
- den Tagesablauf überprüfen
- wenn keine Notwendigkeit besteht, nicht nach der Uhr leben, sondern dem eigenen Rhythmus folgen
- im Tagesablauf auf die Balance zwischen Ruhe und Bewegung, Entspannung – Anspannung achten
- unruhige Kinder nicht einfach durch Musikkassetten ruhigstellen
- die Hortkinder nicht zwingen, Schulaufgaben zu machen
- Kindern ermöglichen, sich mit Freunden zu treffen (in und außerhalb der Kita)
- den Kindern ermöglichen, etwas für die Gruppe zu tun
- dabei flexibel sein (wenn ein Kind keine Lust hat, Tisch zu decken, nicht kritisieren, vielleicht kauft es statt dessen heute lieber Obst für die Gruppe und bereitet es zu)
- Kinderreisen nutzen, um die Gemeinschaft zu stärken und Kinder zu integrieren
- sich selbst mehr überprüfen, unser „das machen wir schon immer so" hinterfragen
- Erzieherinnen, die sich zugestehen, Fehler zu machen, sind experimentierfreudiger!

Kapitel 4
Gewalt und Aggressionen –
verwirrende Begriffe

„Alle Staatsgewalt geht vom Volke aus." Das steht im Grundgesetz. Dort ist offensichtlich etwas anderes gemeint als die „rohe" Gewalt, von der in den Medien tagtäglich die Rede ist und über die wir uns so aufregen. Im „Brockhaus" steht, daß der Begriff Gewalt sich vom althochdeutschen „waltan" = herrschen herleitet. Es gibt keine Gesellschaft ohne Herrschaft, ohne Gewalt. Die alles entscheidende Frage ist, wie die Form der Gewaltausübung geregelt und an Institutionen und Gesetze gebunden ist.

Und bist du nicht willig, so brauch ich Gewalt...

Etwas mit Gewalt zu erzwingen, war traditionell das legitime Recht derer, die durch Geburt, Eigentum, Geschlecht oder Alter über ihre Kinder, Frauen, Lehrlinge, Untergebenen herrschen konnten. Seit der Aufklärung setzte sich der Gedanke von der prinzipiellen Gleichheit aller Menschen immer mehr durch. Wie wir jeden Tag erleben, mit vielen Rückschlägen und Widerständen im Denken und Fühlen der Menschen. In historischer Perspektive ist dennoch die individuelle „rohe" Gewaltausübung immer mehr eingedämmt und geächtet worden.

Traditionell waren Kinder – ebenso wie die Ehefrauen – der Gewalt des Hausherrn unterstellt. In ihre Erziehung und Züchtigung griff die Gesellschaft nicht ein, sofern keine Strafgesetze verletzt wurden. In den alten Bundesländern war die Erziehung des Kindes in der Familie ein Freiraum, der öffentlich kaum eine Rolle spielte. Hier hat seit den siebziger Jahren ein tiefgreifender Wandel stattgefunden. Das Kind wurde nun als Träger eigener Rechte auch gegenüber den Eltern anerkannt, über deren Einhaltung der Staat wachen sollte. Diese Entwicklung ist mit dem Verbot „entwürdigender Erziehungsmaßnahmen" (§ 1631, 2 BGB) Ende der siebziger Jahre vorläufig abgeschlossen. Ein Netz von öffentlichen und privaten Einrichtungen wendet sich mit Beratungs-, Bildungs- und Therapieangeboten an Familien. Im Zentrum steht ein Erziehungsverständnis, das Gewalt gegen Kinder ächtet.

Laut Meinungsumfragen ist es für Eltern selbstverständlich, daß man auf Gewalt als Erziehungsmittel verzichten sollte. Die Fähigkeit dazu ist je nach Bildungsstand und Lebenssituation aber sehr unterschiedlich.

Arbeitsblatt

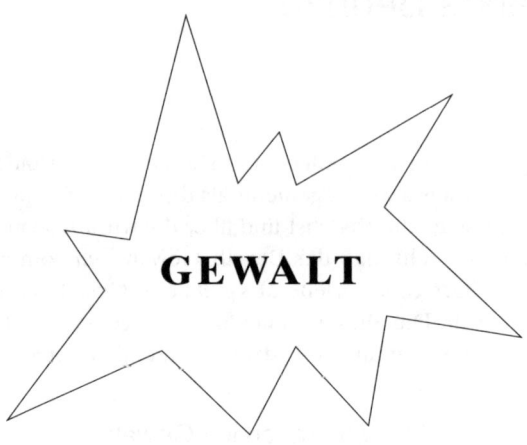

Was ist für Sie Gewalt?
Schreiben Sie alles auf, was Ihnen spontan zu diesem Begriff einfällt.
Vergleichen Sie Gemeinsamkeiten und Unterschiede mit anderen.

Haben alle das Wort Gewalt für dieselben Sachverhalte benutzt? Hat
es für alle dieselbe Bedeutung?

Haben Sie den Begriff ausschließlich negativ oder auch positiv
bewertet?

Was ist für Sie das Gegenteil von Gewalt?

Was aber ist Gewalt gegen Kinder? Die Auffassungen darüber gehen auseinander. Eine Tracht Prügel, früher eine „normale" Erziehungsmaßnahme, ist heute für viele Kindesmißhandlung. Auf der anderen Seite befürwortet die Mehrheit der Eltern immer noch das Recht, die eigenen Kinder körperlich zu strafen. Dieser „kleine Klaps" soll allerdings nicht mehr als regelmäßiges Ritual, sondern nur noch in Notfällen und Ausnahmen angewendet werden. Eine wachsende Zahl von Erwachsenen lehnt heute auch emotionale Gewalt ab, z. B. durch das Einflößen von Furcht („der schwarze Mann") oder wenn Kinder gegen ihren Willen auf den Schoß genommen werden oder durch Scherze oder Ironie verunsichert werden.

■ Bayern will klapsen

München – Bayern will den „Klaps" als Mittel der „maßvollen Zurechtweisung" von Kindern verteidigen. Das bayerische Kabinett beschloß gestern, den Bonner Gesetzentwurf zum Verbot von Mißhandlungen abzulehnen und Zurechtweisungen, die das körperliche Wohlbefinden der Kinder nicht beeinträchtigen, zu ermöglichen.

Berliner Zeitung v. 13.10.1993

Gleichzeitig wird Druck, Zwang, Drohung, Strafe weiter angewandt, wenn Bitten, Erklären, gutes Zureden nichts nutzen. Mit dem Ideal der „gewaltfreien Erziehung" sind Prügel und Strafen ein Tabu geworden: Weil nicht sein kann, was nicht sein darf, wird darüber kaum offen und ehrlich geredet, es sind immer nur die anderen, die Kindern Gewalt antun. Als Folge finden auch wenig Gespräche darüber statt, was man anders machen könnte.

Die Sensibilisierung der Öffentlichkeit gegenüber Gewalt an Kindern zeigt sich in der umfangreichen Medienberichterstattung über Eltern, die ihre Kinder mißhandeln, mißbrauchen oder vernachlässigen. Diese Berichte sind meistens anklagend („Was sind das für Eltern?"), die Mütter und Väter werden als kalte egoistische Menschen, die ihre Kinder nicht lieben, geschildert oder als Opfer der Verhältnisse (arbeitslos, verschuldet usw.), die „ausgerastet" sind. Erwachsene verurteilen mehrheitlich diese Einzeltäter mit großer Empörung, um sich selbst gegenseitig zu versichern, daß normale Menschen dazu selbstverständlich nicht fähig wären.

Die Debatte um Gewalt gegen Kinder ist somit immer noch von einem Denken geprägt, wonach das durchschnittliche, „normale" Verhalten Erwachsener keine Gewalt kennt und Gewalttätigkeit ein pathologisches Verhalten von Einzeltätern sei.

Was ist Gewalt?

Der individualisierenden Sicht des krankhaften Einzeltäters setzte die Kinderschutzbewegung in den 70er Jahren ihre Definition entgegen:

„Die Mißhandlung von Kindern umfaßt die Gesamtheit der Lebensbedingungen, der Handlungen und Unterlassungen, die dazu führen, daß das Recht der Kinder auf Leben, Erziehung und wirkliche Förderung beschnitten wird. Das Defizit zwischen diesen Rechten und ihrer tatsächlichen Lebenssituation macht die Gesamtheit der Kindesmißhandlungen aus."
Kinderschutzzentrum Berlin

Sie greift damit den von der Friedensforschung geprägten Begriff der „strukturellen Gewalt" auf. Danach findet sich Gewalt in ungerechten sozialen Strukturen und menschenunwürdigen Lebensverhältnissen. Individuelle Gewalt wird erklärbar als Folge sozialer Mißstände. Mißbrauch und Mißhandlung lassen sich nicht mehr nur als persönliches Verschulden ansehen, vielmehr sind Täter auch gleichzeitig Opfer der gesellschaftlichen Verhältnisse. Diese neue Sichtweise veränderte die wissenschaftliche Gewalt-Diskussion grundlegend. Gewalt wird seitdem nicht mehr als Charakterschwäche oder „krankhafte Veranlagung" angesehen, sondern im Gesamtzusammenhang aller Lebensumstände der Täter betrachtet.

Als *„strukturelle Gewalt"*, die individuelle Gewalt hervorbringen kann, bezeichnen Friedensforscher z. B.,
- daß 750 000 Kinder und Jugendliche in Deutschland von der Sozialhilfe leben,
- etwa jedes dritte Kind heute unter Allergien leidet,
- Kleinkinder auf Straßen Umweltgifte wie Kohlenmonoxid, Blei, Benzol usw. aufnehmen.

Die „strukturelle Gewalt" trifft jedoch nicht nur benachteiligte gesellschaftliche Gruppen. In modernen Industriegesellschaften gibt es darüber hinaus ein Grundgefühl vieler Menschen, zerstörerischen gesellschaftlichen und ökonomischen Strukturen ausgeliefert zu sein. Die Auflösung von Bindungen und Traditionen, Umweltzerstörung, die nichtüberschaubare Entwicklung von Technik und Medien machen angst und werden als anonyme Gewalt erlebt, gegen die man sich nicht wehren kann.

Man kann also unterscheiden zwischen

1. struktureller Gewalt
Lebensbedingungen, die hinter dem, was materiell, technisch, wissenschaftlich... möglich wäre, zurückbleiben.
(trifft auf alle Länder und Lebensbereiche zu)

2. personaler Gewalt
durch Menschen an Menschen verübt.
Direkt: zwischen Menschen beobachtbar als physische oder psychische Gewalt
Indirekt: Menschen leiden an den Folgen bestimmter Handlungen, z. B. Kündigung einer Wohnung

Das Wort „Gewalt" bezeichnet heute zunehmend alle Handlungen und Strukturen, die das Selbstbestimmungsrecht von Individuen einschränken und ihre Entfaltung und Freiheit behindern. Gewalt wird damit gleichbedeutend mit Machtausübung, Herrschaft, Zwang, Unterdrückung, Einschränkung in jeder Form.

Arbeitsblatt

Strukturelle Gewalt in Kindertageseinrichtungen

Vergleichen Sie zunächst noch einmal, was Ihnen zu Gewalt einfiel (s. Arbeitsblatt S. 46):
   Wie benutzen Sie den Begriff?

Und nun notieren Sie sich:
– Welche Zwänge, Vorschriften, Gegebenheiten schränken die Kinder in Ihrer Einrichtung ein? Woran liegt das?
– Was schränkt Sie selbst in der Ausübung Ihres Berufs ein?
– Was wäre wünschenswert, damit die Rechte der Kinder auf Leben, Erziehung und wirkliche Förderung umfassend verwirklicht würden?
– Welche Ressourcen (Zeit, Raum, Geld, Entscheidungsmacht usw.) müßten dann anders verteilt werden?
– Welche Voraussetzungen sind dazu erforderlich?

Diese Fragen sollten auch von Ihren Kolleginnen beantwortet werden, so daß Sie anschließend gemeinsam darüber sprechen können.

Was Medienberichte über Gewalt aussagen

Für viele Menschen ist es ganz einfach: Alles wird immer schlimmer. Woher sie das wissen? „Da braucht man ja nur das Fernsehen einzuschalten. Soviel Brutalität gab es früher nicht." Als Beweis werden keine konkreten Fakten angeführt, vielmehr ist die massenhafte Darstellung selbst Beweis genug. Kriminalitätsstatistiken verzeichnen zwar in bestimmten Bereichen einen Anstieg von Straftaten, in anderen dagegen einen Rückgang. Steigende Zahlen zur Gewalt gegen Frauen und Kinder in der Familie sagen nichts über tatsächliche Veränderungen, sondern zunächst nur etwas über die Veränderung der öffentlichen Aufmerksamkeit und die Bereitschaft aus, solche Straftaten auch anzuzeigen.

Ob Gewalt unter Kindern tatsächlich zugenommen hat, läßt sich empirisch nicht belegen, zumal ja nur Taten erfaßt werden, die auch strafbar sind. Bei von der Polizei erfaßten Taten wie Diebstahl, Sachbeschädigung usw. ist eine Zunahme bei der jüngeren Altersgruppe (13 bis 15 Jahre) zu verzeichnen. Zugenommen hat auf jeden Fall das Gefühl, von Gewalt bedroht zu sein: in Umfragen unter Schülerinnen und Schülern gaben 72 % an, Gewalt an der Schule mache ihnen Sorge, 26 % nehmen Waffen zu ihrem Schutz mit (vgl. Hurrelmann).

In der Debatte um die Zunahme von Kinder- und Jugendgewalt gibt es mehrere Ungereimtheiten:

• Einzelne spektakuläre Fälle führen zu verallgemeinernden Schlußfolgerungen. Manchmal hat man den Eindruck, Kinder und Jugendliche seien eine besonders aggressive gesellschaftliche Gruppe: Monster-Kinder und Kindergarten-Rambos bevölkern die Tagesstätten, die Schulkinder sind bis an die Zähne bewaffnet, und Jugendliche morden für eine Markenjeans.

• Die Begriffe „Gewalt" und „Aggression" werden dabei gleichgesetzt und für alle möglichen Taten benutzt, angefangen beim Boxen eines Dreijährigen bis zum bewaffneten Überfall von zwei Fünfzehnjährigen auf ein türkisches Mädchen. Rücksichtsloses Verhalten Erwachsener, z. B. beim Autofahren, wird nicht so schnell als „Gewalt" benannt.

• Die Ursachen bleiben weitgehend im dunkeln. „Macht die Welle der Gewalt auch vor dem Kindergarten nicht halt?" fragte etwa 1992 die Fernsehsendung Panorama und benutzte damit das Bild einer Naturkatastrophe, die von außen über unbeteiligte Menschen hereinbricht.

• Wenn Ursachen genannt werden, geschieht das oft in sehr plakativer Form: „das Fernsehen", „Video- und Computerspiele", „kaputte Familien" usw.

So entsteht ein Einheitsbrei, der Zuschauerinnen und Leser hilflos zurück-
läßt.

Um als Erzieherin handlungsfähig zu werden, ist es wichtig, diese Klischees zu hinterfragen und die eigenen Erfahrungen in den Mittelpunkt zu
stellen.

Gewalttätige Handlungen von Kindern und Jugendlichen sollen nicht
verharmlost und entschuldigt werden. Die öffentliche Empörung hat aber
auch Züge von Projektion. Je mehr man sich über die Gewalt anderer auf-
regt, desto besser steht man selbst da und ist auf der moralisch „guten"
Seite, die selbstverständlich nie Gewalt anwendet.

Kinder- und Jugendgewalt ist ein beliebter Gesprächsstoff unter
Erwachsenen. Welches Verhalten Erwachsener dagegen die Kinder als
Gewalt empfinden und unter welchen Dingen sie leiden, wird dagegen
meist nur im Rahmen von Veranstaltungen zum jährlichen Kindertag ein
Thema. Kinder werden ja nicht als Schläger und Erpresser geboren, sie
reagieren damit auf ihre Lebensumstände. Unsere Gesellschaft hat in allen
Bereichen ein hohes Gewaltpotential entwickelt. Kinder und Jugendliche
leben auf ihre Weise vor, wie zerstörerisch sie die Welt empfinden. Es ist
jedoch einfacher, andere anzuklagen, als selbst etwas zu tun und den eigenen Anteil wahrzunehmen. Die intensive Medienberichterstattung über
Aggressivität und Gewalt bedeutet also nicht unbedingt, daß wirklich
etwas getan werden soll. Zwar wachsen die Klagen über verhaltensauffällige und schwierige Kinder, es unterbleiben jedoch auch Maßnahmen, die
zu einer Verbesserung ihrer Lebenssituation führen könnten.

Wie wir Gewalt wahrnehmen

Dutzende von Fernsehkanälen senden rund um die Uhr Todes-Nachrich-
ten aus aller Welt, Dokumentationen über Inzest und sexuellen Mißbrauch, Berichte von Überfällen auf Ausländer, Umweltzerstörung und
düstere Zukunftsvisionen. Und weil viele Menschen sich offenbar bereits
an diese Bilder gewöhnt haben, werden die Darstellungen immer drasti-
scher, um die Einschaltquoten zu erhöhen.

Gewalt wird heute viel stärker wahrgenommen und verurteilt, andererseits in einem früher nicht gekannten Ausmaß in den Medien dargestellt.
Positiv ist, daß viele Menschen weniger gleichgültig sind. Sie fühlen sich
aber auch oft hilflos, da Gewalt überall gegenwärtig wird.

Natürlich gibt es die gezeigte Gewalt „wirklich" – aber ist das die Wirklichkeit?

Welche Auswirkung hat die Darstellung dieser Gewalt auf uns?

Wahrnehmungs-Übung

Sie haben gerade den Film „Tatort Straße – Überfälle aus dem Hinterhalt" gesehen. Nun gehen Sie spätabends allein nach Hause. Wie beeinflußt Sie das vorangegangene Erlebnis?

Sie kommen von einem Fest im Kreise Ihrer Freunde und sind frohgestimmt.
Sie freuen sich auf eine Urlaubsreise, die Sie in wenigen Tagen antreten werden, und sind gedanklich schon an Ihrem Ferienort. Wie gehen Sie durch die nächtlichen Straßen?

Vielleicht haben Sie auch schon auf anderen Gebieten festgestellt: Je mehr Sie sich mit einer Sache beschäftigen, desto sensibler werden Sie auch für neue Informationen darüber. Dies gilt natürlich auch für Gewalt.
Nicht alle Menschen nehmen ihre Umwelt in gleicher Weise wahr. Untersuchungen ergeben, daß Gewalt von Männern und Frauen unterschiedlich wahrgenommen wird. Ein New Yorker wird möglicherweise nicht finden, daß es in Deutschland „viel Gewalt" gibt. Eltern und Kinderlose beurteilen rasende Autofahrer sicherlich unterschiedlich. Jemand, der in der U-Bahn bestohlen wurde, verhält sich anschließend anders. Vereinfacht könnte man sagen: Wir sehen, was wir glauben.

Kinder glauben an Tod durch Gewalt
Stockholm, 23. November (dpa) Vierzig Prozent aller schwedischen Kinder im Alter von sechs bis zehn Jahren glauben, daß der Mensch allein durch Mord oder Totschlag sterbe, beim Tod von Großeltern zum Beispiel fragen viele Kinder zuerst: „Wer hat Großvater erschossen?" Schwedische Kinderschutzorganisationen führen deshalb diese Verknüpfung von Tod und Gewalt in der Vorstellung der Kinder auf den Einfluß des Fernsehens und der Videoprogramme zurück. (FAZ 24.11.82)

Vielleicht ist Ihnen bis hierhin klargeworden: Der Begriff „Gewalt" eignet sich hervorragend, um einander mißzuverstehen. Wenden Sie ihn an, wenn Sie oberflächlich Zustimmung wollen („Nicht wahr, hier sind doch alle gegen Gewalt…") oder wenn Sie Streit suchen („Frechheit, mein Kind war noch nie gewalttätig").
Wenn Sie ein fruchtbares Gespräch wollen, ist es sinnvoller, das Reizwort Gewalt wegzulassen und genauer zu beschreiben, worum es Ihnen geht.

Aggressiv – was ist das überhaupt?

Welche dieser Handlungen ist für Sie aggressiv?

• Eine Mutter gibt ihrem Kind einen Klaps auf den Hintern.
• Ein Autofahrer rast mit Tempo 50 durch eine Spielstraße.
• Ein Junge sagt zu seiner Horterzieherin „Du Nutte“.
• Eine Firma stellt Giftmüll an der Autobahn ab.
• Ein Vater streicht vier Wochen Taschengeld wegen einer „5“ in Deutsch.
• Ein dreijähriger Junge wirft mit einem Stein nach einem Mädchen.
• Eine Erzieherin zwingt ein Kind zum Aufessen.
• Flüchtlinge besetzen eine Behörde.

In welchen Punkten konnten Sie eindeutig mit JA oder NEIN entscheiden?

Waren Sie der Meinung, daß Sie noch andere Gesichtspunkte berücksichtigen sollten? Welche?

Welche Gemeinsamkeiten / Unterschiede haben Sie im Vergleich zu anderen bemerkt?

Diese Fragestellungen können Sie für sich selbst bearbeiten oder in der Gruppe.

Auf den Standpunkt kommt es an

Vielleicht ist Ihnen aufgefallen, daß die Bezeichnung „aggressiv" – übrigens ebenso wie „Gewalt" – ein unscharfer Sammelbegriff für ein großes Spektrum von Gefühlsäußerungen und Verhaltensweisen ist. Deshalb ist die Frage nach *der* Ursache für Aggression genauso vergeblich wie die nach *der* Ursache für Freude.

In der Umgangssprache wird „Aggression" meistens für eine absichtliche körperliche oder verbale Schädigung einer anderen Person benutzt. Wenn wir eine Handlung als „aggressiv" bezeichnen, beschreiben wir sie nicht, sondern bewerten sie bereits negativ. Hinter einer Aggression wird meist eine negative Absicht vermutet.

Vielfach wird aggressiv auch gebraucht als Bezeichnung einer Charakterschwäche. Man glaubt Menschen in aggressive und friedfertige einteilen zu können. Aggressiv wird sowohl für ausgeführte Handlungen (ein Kind schlägt ein anderes) als auch für Gefühle (Wut, Ärger, Zorn), die sich in Mimik und Gestik zeigen, gebraucht.

Möglicherweise hatten Sie das Bedürfnis, mehr über die obengenannten Situationen zu wissen, um beurteilen zu können, welche Absicht vorhanden war und ob die Handlung eine Reaktion auf etwas war. Die Bewertung einer Handlung ist immer kontextabhängig.

Kontext bedeutet, in welchem historischen, kulturellen, gesellschaftlichen oder anderem Zusammenhang eine Handlung steht.

Die gleiche Handlung kann unterschiedlich bewertet werden
• in Deutschland und in einem islamischen Staat
• wenn sie von einem Drei- oder einem Zehnjährigen ausgeübt wird
• von Männern und Frauen
• von Erzieherinnen und Eltern
• je nachdem, aus welcher Situation sie entsteht
• von verschiedenen Generationen
• von Menschen aus den alten und den neuen Bundesländern

Das ist nicht mehr normal

Sie fahren mit einer Kindergruppe U-Bahn. Die Kinder schreien durch den Wagen. Eine Frau beschwert sich, eine andere antwortet: „So sind Kinder eben."

*

Ein türkischer Junge erklärt seiner Horterzieherin: „Eine Frau hat mir gar nichts zu sagen."

*

Ein Kind beschimpft die Erzieherin als „Nutte". Als diese ärgerlich wird, meint ein anderes Kind: „Das sagt doch heutzutage jeder."

*

Die Oma nennt die Weigerung ihres Enkelkindes, eine Jacke anzuziehen, „bockig", die Mutter freut sich: „Die weiß, was sie will."

Ob ein Verhalten als ich-stark, selbstbewußt, aktiv, energisch oder als dominant, tyrannisch, verletzend empfunden wird, bestimmt das jeweilige Wert- und Normensystem.

Jemand für seine „unmöglichen Ansichten" zu verurteilen, bringt im Alltag nicht weiter. In einer Kindertagesstätte treffen Menschen aus ganz verschiedenen sozialen Schichten und Kulturen zusammen. Je älter und selbständiger Kinder werden, desto mehr haben sie ihre eigenen Vorstellungen, was normal und was nicht mehr normal ist. Da es heutzutage immer weniger allgemeinverbindliche Normen gibt, ist es wichtig und notwendig, diese immer wieder auszuhandeln.

Eine Handlung „ist" nicht aggressiv, sie wird in einem bestimmten Kontext und von einem Personenkreis aggressiv genannt.

Fragen Sie sich doch einmal:
- *Welche Handlungen nenne ich in meinem Arbeitsfeld aggressiv?*
- *Auf welche Werte und Normen bezieht sich diese Bewertung?*
- *Welche Meinungsverschiedenheiten gibt es darüber eventuell mit Kindern, Eltern, unter Kollegen?*
- *Wie gehe ich damit um?*

Wer bestimmt, was schädigend ist?

Tina und Max spielen im Sand. Max bewirft Tina mit Sand. Tina rennt weg und versteckt sich hinter einem Baum. Als Max näher kommt, treffen ihn einige Tannenzapfen aus dem Hinterhalt. Max packt Tina und steckt ihr einen Tannenzapfen in das T-Shirt. Beide wälzen sich am Boden. Tina beißt Max in die Schulter. Max schleppt die sich wehrende Tina ins Wasser. Die beiden spritzen sich naß.

Wann wären Sie dazwischengegangen?

Sicherlich gar nicht. Denn Max und Tina sind 16 und 17 Jahre alt und verliebt.

Zärtlichkeit und Aggression liegen nah beieinander, wenn man sich „zum Fressen gern hat". Gegenseitig Grenzen austesten und spielerisch überschreiten kann sehr lustvoll sein, wenn Menschen sich achten und die Signale des anderen wahrnehmen. Gerade Kinder zeigen das täglich.

Beißen, kratzen, hauen sind nicht „an sich" negativ. Jedes Handeln findet in einem Rahmen statt, in den es paßt oder auch nicht. Wichtig ist, ob die Beteiligten einverstanden sind und gemeinsam bestimmen, was passiert. Dafür ist die Kindergruppe ein wichtiges Experimentierfeld.

Die oft gestellte Frage „Wo ist denn die Grenze?" läßt sich deshalb nur von den Beteiligten beantworten und setzt voraus, daß ich die Gefühle anderer ernst nehme. Wer ein Kind gegen seinen Willen auf den Schoß nimmt oder meint, „ein Klaps tut nicht weh", glaubt besser als das Kind selbst zu wissen, was in ihm vorgeht. Und vielleicht haben Sie selbst sich auch schon geärgert, wenn Sie über ihre Gefühle sprachen und ihr Gesprächspartner sagte: „Das glaube ich dir nicht."

Wenn Sie selbst nur Beobachterin sind, fragen Sie sich immer: Fühlen die Kinder sich im Augenblick wohl, haben sie Spaß? Möchte ich jetzt eingreifen, weil ich sehe, es geht einem Kind schlecht? Oder meldet sich mein innerer pädagogischer Zeigefinger: „Kinder sollten sich nicht hauen"?

Aggression als Lebensenergie

Im Unterschied zum umgangssprachlichen Gebrauch orientieren sich viele Aggressionsforscher an der ursprünglichen Bedeutung – *adgredi (lat.) = an etwas herangehen, etwas angreifen* – und bezeichnen Aggression als aktives, zielgerichtetes energisches Handeln. In diesem Sinne braucht jeder Mensch eine gewisse aggressive Energie, um zu leben. Damit ist noch keine moralische Wertung verbunden.

Der Aggressionsforscher Friedrich Hacker nennt Aggression eine jedem Menschen innewohnende Energie, die sich in den verschiedensten Formen von Selbstbehauptung bis zur Grausamkeit ausdrücken kann. **Aggression kann also konstruktiv und destruktiv sein.**

In pädagogischen Einrichtungen wurden Aggressionen traditionell unterbunden und bestraft. Konstruktiver Umgang mit Aggressionen müßte Kindern dabei helfen, ihre aggressiven Energien zu „kultivieren" und in Aktivität, Neugier, Lebendigkeit und Selbstbehauptung umzusetzen.

Arbeitsblatt

Normal – nicht mehr normal

Normal bedeutet: den Normen entsprechend, die eine Gruppe von Menschen festgelegt hat (z. B. für Schulreife). Die Festlegung von „normal" und „auffällig" sollte immer wieder hinterfragt werden und veränderbar sein. Manchmal machen auch schlechte Bedingungen ein Verhalten auffällig (z. B. Gruppengröße), das unter anderen Umständen normal wäre. Vorstellungen von „normal" und „auffällig" können sich zwischen Erzieherinnen, Eltern, Kindern unterscheiden.

Auffälliges unangemessenes Verhalten
zu stark, zu häufig, zu lange…
um Wut, Ärger usw. auszudrücken oder sich durchzusetzen
- Grenzbereiche

Normal
(von Ihnen akzeptiertes Verhalten)

- Grenzbereiche
Auffälliges Verhalten
zu wenig, zu schwach, gar nicht…
um Wut, Ärger auszudrücken oder sich durchzusetzen

Stellen Sie in einem Test mit Ihren Kolleginnen fest, ob Sie ähnliche oder unterschiedliche Vorstellungen haben. Schreiben Sie in den Bereich „normal" alle Verhaltensweisen von Kindern, die Sie als angemessen empfinden, um Wut, Zorn, Enttäuschung auszudrücken, und alle Verhaltensweisen, die Sie als angemessen empfinden, um etwas durchzusetzen.

Schreiben Sie dann in den oberen Bereich Verhaltensweisen, die Sie als unangemessen empfinden, und ebenso in den unteren Bereich. Manche Verhaltensweisen (z. B. einem Kind etwas wegnehmen) gelten als „normal", wenn sie ab und zu vorkommen, als „auffällig", wenn sie täglich vorkommen. Auffällig bezeichnet oft die Intensität eines Verhaltens.

Überlegen Sie insbesondere in den Grenzbereichen zwischen „normal" und „auffällig": Wovon hängt meine Einordnung ab?

Aggressionen in der kindlichen Entwicklung

Schon das Neugeborene zeigt „aggressiv", was es braucht. Es schreit mit großer Energie, bis seine Bedürfnisse nach Nahrung, Körperkontakt und Anregung befriedigt werden. Das Baby lebt noch in einem Allmachts-Gefühl, es empfindet egozentrisch. Durch sein Schreien, seine Lebensäußerungen kann es alles bewirken. Nach und nach lernt es, seine Bedürfnisse mit den Bedürfnissen der Außenwelt zu vereinbaren. Immer öfter muß es Geduld haben, warten, erfährt Grenzen. Dieser Prozeß ist für Kinder und ihre Umgebung gleichermaßen anstrengend. Neugierig will das Kleinkind mit unerschöpflicher Energie die Umwelt erobern, es testet immer wieder Gebote und Verbote aus und protestiert dagegen. Der Aggressionsforscher Hacker nennt die Aggressionen des Kleinkindes „unschuldig", denn es will ja niemanden absichtlich verletzen oder kränken. Nur durch ständiges Probieren kann das Kind zwischen sich und der Außenwelt unterscheiden und dadurch nach und nach ein „Ich" im Unterschied zum „Du" entwickeln. Tut es weh, an den Haaren gezogen zu werden – das lernt man, indem man es tut und der andere sich wehrt oder umgekehrt. Wenn diese Neugier behindert wird, werden Kinder quengelig oder verstärken ihr Verhalten. Wird ihre Aktivität dauernd unterbunden oder sogar bestraft, kann es auch zum passiven Rückzug kommen.

Das wachsende Ich, das Selbstbewußtsein, will sich behaupten gegen andere. Besonders intensiv ist das in der sogenannten Trotzphase. Wo Erwachsene manchmal nur den grundlosen Trotzausbruch aus heiterem Himmel sehen, spürt und erprobt das Kind seinen eigenen Willen und erlebt sich so als eigenständige Person. Kinder, die keine Chance zu dieser Auseinandersetzung erhalten, weil die Eltern ihr Verhalten lächerlich machen oder im Keim ersticken, fügen sich nach außen und sind dann „lieb", lassen aber ihre Aggressionen oft dann auch an Schwächeren aus. Kinder, denen überhaupt kein Widerstand entgegengesetzt wird, verbleiben in unrealistischen Allmachts-Gefühlen und werden auch nicht selbständig, weil alle Wünsche sofort erfüllt werden.

Einfühlungsvermögen entwickeln Kinder in einem längeren Prozeß, der sich über das gesamte Vorschul- und Grundschulalter erstreckt. Vor allem in Rollenspielen, der für das Vorschulalter charakteristischen Spielform, differenzieren Kinder ihre Gefühle und fühlen sich in andere Personen ein. Hier werden auch ausgesprochen negative Gefühle inszeniert, dies hilft dem Kind, diese Gefühle kennenzulernen und zu verarbeiten.

Diese notwendigen Entwicklungsprozesse können nicht durch Erklärungen abgekürzt werden oder dadurch, daß Erwachsene bestimmte Verhaltensweisen unterbinden.

Das Vorschulkind erobert sich die Welt hand-greiflich. Vor dem Verstehen kommt das Be-Greifen. Durch die Möglichkeit, die Welt mit allen Sinnen zu erfahren und sich motorisch auszuleben, entwickelt sich ein stabiles Selbstbewußtsein. Werden diese Erfahrungen gehemmt, geraten Körper und Psyche aus dem Gleichgewicht.

Eine weitere wichtige Entwicklungsaufgabe sind Selbstbehauptung, das Erlernen von Durchsetzungsstrategien, Nachgeben und Zusammenarbeiten in Gruppen. Für viele Einzelkinder ist dabei die Kindertagesstätte die erste Erfahrung mit Rivalität um die Gunst von Erwachsenen, Teilen und Eifersucht; sie ersetzt Geschwisterbeziehungen. Je älter und selbständiger das Kind wird, um so mehr muß es in der Lage sein, allein in Gruppen zurechtzukommen, sich zu behaupten, Gruppenanerkennung zu erringen, Frustrationen auszuhalten.

Übersicht über die wichtigsten Aggressionstheorien

Triebmodelle
Aggressionen sind angeboren.

Alle Menschen handeln in bestimmten Abständen und bestimmten Situationen aggressiv.

Aggressionen kann man nicht abschaffen oder aberziehen. Es geht darum, Aggressionen konstruktiv auszuleben.

Aggressionsventile (z. B. Kampfsportarten) verhindern, daß sich Aggressionen aufstauen und in destruktiver Weise explodieren („Dampfkessel-Theorie").

Die Frustrations-Aggressions-Hypothese
Aggressives Verhalten ist immer eine Folge von Frustration.

Frustrationen entstehen, wenn Bedürfnisse nicht befriedigt werden und Schmerz, Angst oder andere unangenehme Gefühle auslösen.

Je stärker die Frustration, desto stärker die Aggression.

Aggressives Verhalten wird verhindert, indem
– Frustrationen nach Möglichkeit vermieden oder abgebaut werden;
– Menschen lernen, Frustrationen zu ertragen (Frustrationstoleranz).

Lerntheorien
Aggressives Verhalten wird gelernt durch Beobachtung an einem Modell (Nachahmung).

Je öfter aggressives Verhalten zum Erfolg führt, desto häufiger wird es angewendet werden (Verstärkung).

Wenn aggressives Verhalten ununterbrochen zum Mißerfolg führt, wird dieses Verhalten gelöscht (es verschwindet).

Für jede dieser Theorien gibt es passende Beispiele aus dem Alltag:
– Wenn Kinder ausgeglichener sind, nachdem sie sich austoben konnten;
– wenn Kinder Mißerfolg in der Schule oder fehlende Zuwendung aggressiv verarbeiten;
– wenn Kinder gewalttätige Fernsehhelden toll finden und diese nachahmen.
Und sicher finden Sie auch in Ihrer Lebensgeschichte viele Beispiele.

Lange Zeit versuchten Aggressionsforscher, die ausschließliche Gültigkeit ihrer jeweiligen Theorie zu beweisen. Daß diese Theorien jedoch zu einfach sind, zeigen Fragen wie:

Wenn Aggression eine allen Menschen eigene Veranlagung ist, warum zeigen dann nicht alle Menschen aggressives Verhalten?

Wenn Frustrationen immer zu Aggressionen führen und jeder irgendwann einmal erlebt, daß seine Bedürfnisse nicht befriedigt werden, wieso reagiert in derselben Situation der eine aggressiv, der nächste traurig, ein anderer mit Humor?

Wenn Modelle zu aggressivem Verhalten anregen, warum ahmen nicht alle Fernsehzuschauer Gewaltfilme nach, weshalb werden nicht alle mißhandelten Kinder später selbst aggressiv?

Heute geht man davon aus, daß es „die" Aggression nicht gibt und genausowenig „die" Ursache für Aggressionen. Um alle Aspekte zu erfassen, ist eine ganzheitliche Sichtweise notwendig: Ohne Zweifel gibt es genetische Festlegungen und biologische Prozesse, die menschliches Verhalten steuern. Jedoch ist der erlernte und von Umweltbedingungen abhängige Teil des Aggressionsverhaltens erheblich. Kulturvergleiche zeigen, daß die Gesellschaftsstruktur, die Wirtschaftsweise, Religion, Erziehung und andere Bedingungen bestimmen, wie der Mensch mit Frustrationen umgeht und an welchen Modellen aggressives Verhalten gelernt wird.

Neben äußeren Bedingungen ist aggressives Verhalten auch das Ergebnis komplexer innerer Prozesse: Wie nehme ich eine Situation wahr, wie erlebe ich sie gefühlsmäßig, wie bewerte ich meine Chancen, was ist mein Ziel usw.?

Zum anderen ist aggressives Verhalten stark von der Situation abhängig: Derselbe Mensch kann sich sehr unterschiedlich verhalten, je nachdem, welche anderen Personen anwesend sind, wo das Ereignis stattfindet, welche hemmenden Bedingungen vorhanden sind usw.

(Vgl. dazu ausführlicher: Sommerfeld 1992.)

Kapitel 5
Die Aggressionen der Erwachsenen

Wenn man wollte, könnte man sich den ganzen Tag ärgern. Immer dann, wenn verschiedene Bedürfnisse aufeinandertreffen, entstehen Frustrationen, weil man Wünsche zurückstellen muß oder ganz leer ausgeht. Das geht Erwachsenen nicht anders als Kindern.

Ein unangenehmes Erlebnis spürt man zuerst körperlich: Plötzlich ist man wie vor den Kopf geschlagen, hat ein flaues Gefühl in der Magengrube, oder es wird einem heiß und kalt vor Wut. Alles mögliche geht einem durch den Kopf. Es können verschiedene Gedanken und Gefühle sein – Angst vor etwas, Angst um jemand, Neid, Eifersucht, Enttäuschung, Traurigkeit.

Wie gehen Sie selbst mit diesen Frustrationen um? Jeder von uns lernt im Laufe seines Lebens verschiedene Möglichkeiten – gesunde und ungesunde – kennen. Sie haben vielleicht schon selbst die Erfahrung gemacht. Es gibt Zeiten, da können wir sehr viel wegstecken und aushalten, haben sehr viel Kraft, und andere Zeiten, in denen eine Kleinigkeit uns umwirft. Die Streßforschung fand heraus, daß ein positives Selbstbild und positive Signale aus der Umgebung bestärkend sind. Bei einem angeknacksten Selbstbewußtsein ist jede Kleinigkeit eine Bedrohung und kann zur Katastrophe werden.

Aggressives Verhalten als Reaktion auf Streß

Körper und Psyche brauchen angemessene altersentsprechende Anregungen und Anforderungen. Selbstvertrauen entwickelt sich durch Erfolgserlebnisse, aber auch die gelungene Verarbeitung von Enttäuschungen. Aggressives Verhalten ist ein Indiz dafür, daß diese Balance nicht stimmt. Kinder machen so beispielsweise auf Unterforderung oder Überforderung aufmerksam, reagieren auf schulischen und familiären Leistungsdruck oder eine anregungsarme Umgebung, zeigen Langeweile und Überdruß an nicht altersgemäßen Spielen und Aktivitäten. In manchen Familien sind Kinder auch überfordert, wenn sie Erwachsenen-Rollen einnehmen müssen. Sie zeigen, wenn ihnen gar keine Grenzen oder zu enge Grenzen angst machen. Und sie zeigen, wenn ihnen Zuwendung

fehlt oder ihre Eigenständigkeit erdrückt wird durch einen überbehüten-
den Erziehungsstil.
Vor allem in der Familie, aber auch in anderen prägenden Situationen,
lernt der Mensch Verhaltensmuster für bedrohliche Situationen.

Grundmuster in Streß-Situationen

Angriff	**Flucht**
Beispiele	Beispiele
Zuschlagen, bevor es der andere tut Angriff ist die beste Verteidigung	Nix wie weg!
nach außen gerichtet / sichtbar	nach innen gerichtet (ich verkrieche mich)
ausgeführte Handlung	phantasierte Handlung (Traumwelten)
aktiv	passiv (Zuschauer)
andere angreifen	schweigen Kontakt verweigern
andere schädigen	sich selbst schädigen
schlagen, beschimpfen, herabsetzen	Selbstvorwürfe: „Ich Idiot"
Mißhandlung, Mißbrauch anderer	Gewalt gegen sich selbst Suchtverhalten, Eßstörungen

Welche Muster kennen Sie von sich? Wie haben Sie dieses Verhalten
gelernt?

In der einen oder anderen Form erkennen Sie wahrscheinlich solche
Muster bei sich wieder. Streßreaktionen hat jeder. Sie sollten nicht als
Fehlverhalten bewertet werden, sondern als wichtige Signale, daß etwas
nicht stimmt. Erst wenn diese Signale nicht ernst genommen und keine
Möglichkeiten zum Abbau der inneren und äußeren Spannungen gesucht

werden, bestimmen sie als Grundmuster schließlich das gesamte Verhalten und sind destruktiv für die eigene Person und ihre Beziehungen zur Außenwelt.

Rückzugs- und Fluchttendenzen von Kindern und Jugendlichen erhalten häufig weder von Eltern, Pädagogen und erst recht nicht in der Öffentlichkeit genügend Aufmerksamkeit. Sozialisationsforscher machen darauf aufmerksam, daß psychosomatische Beschwerden und allgemeine Angstsymptome bei Kindern und Jugendlichen zunehmen und zahlenmäßig die aggressiven Verhaltensweisen um ein Vielfaches übersteigen. Man muß auffallen, damit sich jemand um einen kümmert!

Arbeitsblatt

Zeichnen Sie Ihr Ärger-Barometer

Was läßt Sie im Beruf kalt, was bringt Sie zum Kochen?
Machen Sie eine Liste Ihrer größten Ärger-Punkte.
Wer und was stehen ganz oben (Eltern, Kinder, Kollegen, Leitung, Träger)?
Welche Gemeinsamkeiten, welche Unterschiede gibt es?

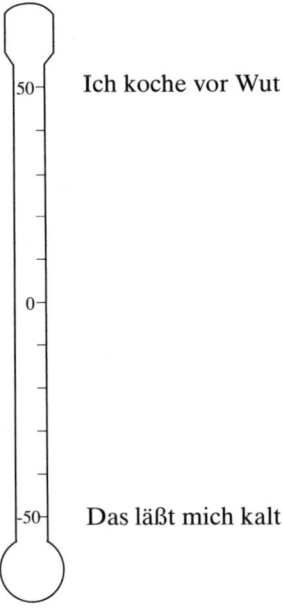

50 — Ich koche vor Wut

0 —

-50 — Das läßt mich kalt

Wie stark ärgert Sie zum Beispiel:

– Eltern holen ihr Kind ständig nach Dienstschluß ab.
– Eine Kollegin kommt immer wieder zu spät.
– Ein Vater sagt: Die Erzieherinnen sitzen nur rum.
– Sie erfahren von finanziellen Kürzungen für Ihre Kita.
– ....
– ....

Arbeitsblatt

Wenn ich wütend bin…

- brülle ich meinen Ärger laut heraus
- lenke ich mich ab, indem ich an etwas anderes denke
- esse ich erst mal eine Tafel Schokolade
- schlucke ich meine Wut herunter
- möchte ich mich am liebsten in ein Mauseloch verkriechen
- zeige ich es bestimmt nicht vor den Kindern
- unterdrücke ich dieses Gefühl und überlege ganz sachlich, was zu tun ist
- kriegt der nächste, der mich anspricht, von mir eine brummige Antwort
- bin ich den ganzen Tag zu nichts zu gebrauchen
- laß ich zu Hause Dampf ab
- mache ich spitze Bemerkungen
- ....

Es gibt sehr viele Möglichkeiten, mit Wut und Ärger umzugehen. Welche haben Sie gelernt?
Welches „Modell" leben Sie tagtäglich den Kindern vor?
Welches Verhalten ist für sie gesund und entlastend?
Welches Verhalten wirkt sich positiv auf Ihre Beziehungen zu anderen Menschen aus?

Wer ist hier aggressiv?

Was Kinder sagen:
Ich hab da zuerst gesessen. Der hat aber angefangen. Die kommt mir immer hinterher. Ich will aber nicht. Wann gibt es Essen? Das sag ich meiner Mama. Meine Mama kommt gleich, aber deine nicht. Hör auf. Ich hab das gar nicht ausgeräumt, der hat es gemacht. Blödmann. Ich hab die Schippe zuerst gehabt. Ich war das nicht. Laß mich in Ruhe. Du hast keine Mama. Immer ich. Ich hab keine Lust. Der hat zuerst gehauen. Und was ist mit mir? Du bist nicht mehr meine Freundin! Ich hatte das zuerst. Ich will aber nicht… Fick dich selbst. Ich hab nichts gemacht. Der hat mich gehauen. Ich habe Bauchweh. Der verteilt Süßigkeiten im Garten. Mir ist langweilig. Sumpfnutte. Alte Fotze! Das sag ich meinem Vater. Ich will das nicht machen. Ich will das haben. Jetzt nicht.

Was Erzieherinnen sagen:
Kannst ruhig mal was abgeben, das gehört nicht dir alleine! Das mußt du mit deinen Eltern ausdiskutieren. Du spinnst ja! Das darf doch nicht wahr sein. Ich geh gleich nach Hause. Ruhe, ich hab heute meine Migräne. Der liebe Gott sieht alles, und ich bin fast so gut. Hört auf zu streiten. Warum könnt ihr nicht beide damit spielen? Ruhe jetzt! Bist du erst seit gestern im Hort, daß du das immer noch nicht weißt! Wie oft soll man das eigentlich noch sagen. Geht euch doch bloß mal aus dem Weg. Paß lieber auf, was du machst. Nun hör doch mal auf zu petzen. Ich sehe alles! Du bist heute aber ein Grummelzwerg. Das kann ja wohl nicht wahr sein. Klappe die dritte. Sieh mal auf die Uhr! Versuche mit ihm zu reden, bevor du ihm was wegnimmst. Hört auf zu zanken. Seid bitte leise. Kommst du auch noch mal? Wirst du bald fertig? Wenn zwei sich streiten, freut sich der Dritte. Habt ihr schon mal was von Teilen gehört? Ich habe keine Lust, immer zu meckern. Ihr sollt vernünftig miteinander reden. Schreit nicht so rum. Das muß doch nicht sein. Ich möchte dir doch helfen. Jetzt reicht es aber. Jetzt mach aber mal 'ne Pause. Das nervt langsam.

Sind Strafen sinnvoll?

Es ist schon merkwürdig, das Wort „Strafe" wird in Gesprächen unter Pädagogen eher vermieden. Vielleicht ist es das eigene schlechte Gewissen, vielleicht sind es auch Ansprüche wie „Kinder brauchen Liebe und Verständnis statt Strafen", die zur allgemeinen Sprachlosigkeit beitragen.

Versuchen Sie gerade das Gegenteil: eine ehrliche Diskussion darüber,

wie mit Aggressionen, Regel- und Normverletzungen von Kindern umgegangen wird, wie Konflikte gelöst werden, welche heimlichen Bestrafungs-
wünsche Erzieherinnen manchmal haben.

> *Wann haben Sie zuletzt ein Kind gestraft? Haben Sie sich in ihrem*
> *Team schon einmal über Strafen unterhalten? Wissen Sie, was Ihre Kol-*
> *leginnen darüber denken? Wissen Sie, was Eltern und Kinder darüber*
> *denken?*

Wenn Kinder aggressiv sind, nerven und stören, streiten sich (mindestens)
zwei Seelen in der Erzieherinnenbrust:
- Strafen sind schlimm! Eine „gute" Erzieherin sollte es schaffen, die Kin-
  der liebevoll zu lenken.
- Ich darf mir nicht auf der Nase rumtanzen lassen. Wer sich nicht an die
  Regeln hält, muß Konsequenzen spüren.

Je nachdem, wie der Seelenstreit ausgeht, wird die Erzieherin versuchen, ihren Ärger zurückzudrängen und vielleicht nur einen bösen Blick
auf das Kind werfen. Oder eine begründete Strafe aussprechen: Du bleibst
jetzt hier sitzen, bis du dich beruhigt hast. Du kannst nicht mitkommen
zum Spielplatz, weil ich nicht auf dich aufpassen kann.

Der Aggressionsforscher Friedrich Hacker bezeichnet es als Etiketten-
schwindel, wenn Erzieher oder Eltern behaupten, Strafen seien sinnvoll,
damit das Kind irgend etwas lernt oder einsieht. Strafen gehen Gefühle
von Wut, Enttäuschung, Angst auf seiten der Erzieherin voraus. Sie mögen
im „pädagogischen Gewand" daherkommen, sind aber erzieherische
Aggression. Erwachsene haben stets das Rechtfertigungsmonopol. Zur
Durchsetzung hehrer Erziehungsziele können sie schmerzhafte, Schuld
und Angst erzeugende Methoden anwenden und behaupten, nur aus
Liebe zum Kind zu schimpfen, zu drohen, einen „kleinen" Klaps zu geben,
das Kind in der Ecke oder im dunklen Zimmer stehen zu lassen. Schließlich werde es später dafür noch dankbar sein. Durch diese erzieherische
Aggression lernen Kinder vor allem eins: Du darfst Gewalt ausüben, wenn
du groß und mächtig bist!

Strafen sind erzieherische Aggression
1. Mit Strafe lernt man keine neuen und erwünschten Dinge.
2. Bestrafung führt zu Flucht und Vermeidung.
3. Strafe kann Angst und Unsicherheit erzeugen.
4. Bestrafung kann zu erneuter Aggression führen.
5. Durch Strafe ist man kein gutes Vorbild.
6. Wer bestraft wird, straft andere weiter.
   (Nach Petermann u. Petermann, S. 164)

Erzieherinnen haben Macht über Kinder

Dazu ein Beobachtungsprotokoll von Armin Krenz

„Matthias, fünf Jahre alt, besucht den Kindergarten am Vormittag. Er ist ein Junge, der seine Werk- und Malarbeiten mit größter Sorgfalt zu erledigen versucht, doch vieles will ihm einfach nicht gelingen. Die Gruppenerzieherin hat vor, mit den Kindern eine Bastelarbeit anzufertigen, die als Weihnachtsgeschenk für die Eltern gedacht ist. So werden die Kinder aufgefordert, zunächst einen Weihnachtsmann mit einem Pferd zu malen, um diesen dann mit vorsichtigen Farbtupfen auszumalen. Als Matthias an den Tisch gerufen wird, weigert er sich zu kommen – er wolle seinen Eltern nichts schenken. Die Erzieherin drückte ihm, nachdem sie ihn an den Tisch geholt hat, einen dünnen Pinsel in die Hand und legte ihm zwei Vordrucke als Vorlage hin. Matthias fügte sich den Anforderungen, doch sah sein Weihnachtsmann und sein Pferd keiner der Vorlagen nach Einschätzung der Erzieherin ähnlich. Sie nahm daraufhin das Blatt weg, zerriß es, warf die Fetzen in den Papierkorb und legte ihm ein neues Blatt Papier hin mit derselben Aufforderung. Matthias bekam es wieder nicht ‚besser‘ hin. Daraufhin hielt die Erzieherin das Blatt in die Höhe, forderte die anderen Kinder auf, dem Matthias einmal ganz genau zu sagen, was wirklich nicht gut sei und wo er einfach ‚besser‘ werden müsse – so wie die anderen. Matthias blickte mit traurigen Augen auf den Boden und weinte leise in sich hinein. (Beobachtungsprotokoll vom 16.12.1991)

Auch an dieser Stelle soll es nicht um eine Beurteilung des Versagens von Grundrechten gehen, sondern vielmehr fallen mir dazu zwei Aussagen von Dr. Janusz Korczak ein. Zum einen meint er: ‚... Alle Tränen sind salzig. Wer das begreift, kann Kinder erziehen. Wer das nicht begreift, kann sie nicht erziehen.‘ Und an anderer Stelle schreibt Korczak: ‚Der Erzieher nimmt etwas nicht ernst genug, er hat kein Vertrauen, er ist argwöhnisch, er untersucht, er ertappt, rügt, beschuldigt und straft, er fahndet nach geeigneten Methoden,

Schlimmes zu verhüten! Immer häufiger greift er zu Verboten und rück-
sichtslosen Zwangsmaßnahmen, und er sieht nicht, wie das Kind sich
bemüht, ein Blatt Papier und damit eine Stunde seines Lebens sorgfältig zu
beschreiben.'" (Krenz 1992, S. 40 f.)

Wer so tut, als gäbe es nur Verständnis und freundliche Gefühle für Kin-
der, lügt sich selbst in die Tasche. Und straft dann in verdeckter Form: mit
Mißachtung, Schweigen, Wegdrehen, Verspotten oder Ausschluß von
Aktivitäten.

Pädagogen haben Grenzen der Geduld und Belastbarkeit. Dies sollten
Kinder erfahren in direkter Form, nicht pädagogisch verpackt. Damit ist
gemeint:

– eigene aggressive Gefühle gegenüber Kindern bei sich wahrnehmen
– diese in einer geschützten Atmosphäre aussprechen dürfen (Teambera-
tung, Supervision)
– Ärger und Wut dem Kind direkt in einer Form mitteilen, die seine
Würde achtet.

Pädagogen haben Macht über Kinder und müssen damit verantwortungsvoll umgehen. Konsequenzen und Einschränkungen müssen bere-
chenbar, klar und eindeutig sein. Wenn die Erzieherin ihren Ärger nicht
verdrängt hat, wird es gelingen, Grenzen zu setzen ohne demütigende
Worte und Rituale.

Beispiele für solche Grenzen sind:

– Mit den Kindern klare Regeln vereinbaren. Was die Kinder gemeinsam
beschlossen haben, wird eher eingehalten.
– Kinder müssen Zusammenhänge verstehen können: „Die Überschwem-
mung im Waschraum muß erst beseitigt werden, bevor wir rausgehen."
– Kinder müssen die Möglichkeit haben, eigene Lösungen zu finden:
„Tanja, hast du einen Vorschlag, wie die beschädigten Spielsachen repa-
riert werden können?"
– Konsequenzen müssen sofort erfolgen: „Irina, du kannst jetzt nicht
mehr neben Tina sitzen, weil du nicht aufhörst, sie zu treten."

Kapitel 6

Aggressives Verhalten:
beobachten, verstehen, handeln

Was passiert eigentlich,
bevor wir aggressiv werden?

Von außen betrachtet, sieht es oft aus, als würden Aggressionen „aus heiterem Himmel" ausbrechen. Was ist da gerade passiert, wenn ein Kind eben noch friedlich spielt und plötzlich wütend auf ein anderes einschlägt?

Bevor jemand aggressiv reagiert, läuft eine eine Art inneres Programm ab. Versuchen Sie, sich einen solchen Vorgang, der in Bruchteilen von Sekunden unbewußt abläuft, einmal wie einen Film in Zeitlupe vorzustellen.

Jakob, 5 Jahre, hat sich im Garten des Kindergartens
eines der begehrten Fahrräder geholt. Er will gerade auf
das Rad steigen, als Paul, 6 Jahre, auf ihn zugerannt
kommt.

Wie erlebt Jakob diese Situation?
Bezieht er Pauls Verhalten auf sich, bekommt
er Angst oder interessiert es ihn nicht weiter?
(Subjektive Wahrnehmung und Bewertung)

Jakob bekommt Angst. Er bleibt neben dem
Rad stehen, umklammert den Lenker und
schreit: Du darfst mir das nicht wegnehmen!

Jakob hat Pauls Verhalten als bedrohlich
bewertet und einen Angriff phantasiert.
Er hat Angst und Wut zugleich.
(Negative Gefühle)

Als Paul näher kommt, boxt Jakob
ihn an die Schulter und schreit:
„Hau ab, du Blödmann."

> *Welches Verhalten kennt Jakob für*
> *Konfliktsituationen, in denen er glaubt, jemand*
> *wolle ihm etwas wegnehmen?*
> *Hat er damit bisher Erfolg gehabt oder nicht?*
> (Gelernte Verhaltensmuster)

Jakob schaut sich um: keine Erzieherin
in der Nähe. Ihm fällt ein, daß Paul gestern
sein Puzzle kaputt gemacht hat.

> *Welche Hemmungen können Jakob davon*
> *abhalten, Paul zu boxen?*
> (Äußere Hemmungen, z. B. Angst vor Strafe)

Jakob fällt ein, daß sein Vater ihm
gesagt hat: Du darfst dir von anderen
nichts gefallen lassen.

> *Welche wichtigen Vorbilder kennt Jakob?*
> *Was sagt ihm seine „innere Stimme"?*
> (Moralische Hemmungen, aggressive Vorbilder)

Dies macht Jakob noch wütender.
Außerdem fühlt er sich im Recht, er
muß Paul noch etwas heimzahlen.
Paul macht ein ängstliches Gesicht.

> *Die ängstliche Reaktion des „Opfers" kann ein*
> *Auslöser für weitere Aggressionen sein.*
> (Auslöse-Reize)

Jakob tritt Paul noch gegen das
Schienbein.
Sein Freund Malte kommt und sagt:
Paul, hau bloß ab, wo du hinkommst,
gibt's Ärger.

> *Jakob fühlt sich durch seinen Freund bestätigt.*
> *Welche sonstigen Wirkungen und*
> *Konsequenzen hat aggressives Verhalten?*

Paul zieht ab. Jakob fühlt sich gut:
Sieger!

> *Erfolgserlebnisse verstärken Verhalten.*

Diese inneren Vorgänge laufen als unbewußtes Programm in Bruchteilen
von Sekunden ab. Je jünger ein Kind, desto weniger sind die einzelnen
Schritte herausgebildet. Die Stimmungen von Kleinkindern können sehr
schnell zwischen Freude, Angst, Wut und wieder Freude wechseln. Aufgrund von vielen Erfahrungen und Verstärkern aus der Umgebung verfe-
stigen sich nach und nach bestimmte Muster, so daß in ähnlichen Situationen fast automatisch das gleiche Verhalten in Gang kommt.

Wir sind alle abhängig von den Reaktionen unserer Umgebung. Wenn
sich aggressives Verhalten „lohnt" wie in diesem Beispiel und meine
Freunde mich dann bewundern, wird es verstärkt.

Es ist aber auch vorstellbar, daß Jakobs „Film" ganz anders verlaufen
wäre, wenn
– er gelernt hätte, erst mal abzuwarten, was Paul überhaupt von ihm will;
– er noch andere Wege kennen würde, sich durchzusetzen, z. B. aufzustei-
gen und davonzuradeln oder zu sagen: „Warte, bis ich fertig bin";
– ihm seine Eltern gesagt hätten: „Hauen ist blöd" oder: „Der Klügere
darf auch mal nachgeben";
– sein Freund ihm gesagt hätte: „Laß doch den Paul in Ruhe".

Die Aggressionsforscher Petermann und Petermann gehen davon aus,
daß aggressives Verhalten immer auf ein Defizit hinweist. Jakob möchte
sich vielleicht anders verhalten, um sein Rad zu behalten, er hat aber keine
andere Möglichkeit zur Verfügung.

Was wäre geschehen, wenn eine Erzieherin eingegriffen hätte und mit

Jakob geschimpft hätte? Sicherlich würde Jakob in Zukunft aufpassen und in Reichweite einer Erzieherin nicht mehr boxen. Damit wüßte er allerdings noch nicht, wie er sich denn anders verhalten kann. Schimpfen und eventuell Strafen machen Jakob außerdem wieder ärgerlich auf die „blöden Erwachsenen", die gar nicht verstehen, was los war. Der Kreislauf bleibt in Gang.

Kindern Wege zu zeigen, ihre Bedürfnisse gewaltfrei zu befriedigen, ist ein komplexer Vorgang, wie an Jakobs Verhalten deutlich wird. Die Aufforderung „Reden statt Hauen" ist dazu nicht ausreichend.

Der Kreislauf von Angst und Aggressionen

„Aus einem starken Eindruck der Bedrohung heraus erleben diese Kinder Angst und versuchen, mit Hilfe eines Wutausbruches diese zu verringern. Vermutlich reagieren diese Kinder sehr schnell aggressiv, weil sie sich der Zuneigung ihrer Mitmenschen ungewiß sind, übermäßige soziale Anerkennung erwarten oder Bedrohung übersensibel oder gehäuft wahrnehmen. Durch aggressives Verhalten versuchen diese Kinder, sich Respekt zu verschaffen, ihr Territorium zu sichern usw. Die Kinder erreichen damit, daß sich in ihrem Erleben soziale Angst verringert. Aus dieser emotionalen Erleichterung wird dann ein sich immer weiter aufschaukelnder Verstärkungsprozeß. Aufschaukeln bedeutet in diesem Zusammenhnag, daß die Kinder durch das Gefühl der Bedrohung Angst und Anspannung erleben. Das Gefühl der Bedrohung ist durch die Unsicherheit im Umgang mit anderen bedingt. Die Kinder sind bemüht, durch Aggression Angst und Anspannung zu verringern. Ist das aggressive Verhalten erfolgreich, trägt es zum Abbau von Angst bei und verstärkt Aggression damit. Bei ähnlichen Ausgangsbedingungen werden die erwartete Bedrohung und die Konfliktlösung auf andere Situationen übertragen. Die Umwelt reagiert jedoch ebenfalls auf das aggressive Verhalten, z. B. in Form von Bestrafung, Vergeltung oder sozialer Ablehnung. Dies erleben die Kinder weiter als Bedrohung und erneuten Anlaß zu (vergeltendem) aggressivem Verhalten." (Petermann und Petermann, S. 8)

Der Kreislauf von Angst und Aggressionen ist nur schwer zu durchbrechen. Insbesondere sozial unsichere Kinder versuchen damit, „Oberwasser" zu gewinnen. Der Kreislauf kann nicht durch Ermahnungen und Strafen verlassen werden, sondern nur indem das Kind mehr Selbstvertrauen und Selbstsicherheit gewinnt.

Wenn sich Aggressionen lohnen

Am vorangegangenen Beispiel ist ein Effekt deutlich geworden, der zu den stärksten Auslösern und Antriebskräften für aggressives Verhalten gehört. Wenn sich aggressives Verhalten nicht lohnen würde, um die eigenen Wünsche direkt und massiv durchzusetzen, wäre es sicher nicht so populär. Jakob hat erfahren, wie es funktioniert: Man schreit jemand an, boxt und tritt ihn, und schon bekommt er Angst und läßt dich in Ruhe.

Dieses Prinzip zieht sich durch alle Lebensbereiche. Im Kindergarten gibt es Kinder, die nachgeben, wenn ihnen jemand etwas abnimmt, Schüler haben Angst, Lehrern und Eltern zu erzählen, wenn sie von Mitschülern erpreßt werden, und im Supermarkt schütteln viele den Kopf, wenn sich jemand vordrängelt, lassen ihn aber gewähren.

Erfolge für Aggressionen gibt es unendlich viele, sowohl im materiellen wie im emotionalen Sinnn. In einer Langzeituntersuchung wurde neun Monate lang aggressives Verhalten (körperliche und verbale Angriffe, Drohungen, etwas wegnehmen) bei Kindergartenkindern sowie die Reaktionen des Opfers darauf beobachtet. 80 % dieser Reaktionen – z. B. Nachgeben, Weinen, Sich-Zurückziehen – konnten als Bekräftigung des aggressiven Verhaltens bewertet werden. (Patterson, Littmann und Bricker, zitiert bei Nolting, S. 97) Durch dieses erfolgreiche Vorbild lernten auch Kinder, die beim Eintritt in den Kindergarten wenig aggressiv waren, ziemlich bald, sich mit gleichen Mitteln durchzusetzen.

Ältere Kinder und Jugendliche sind sensibel für den Mischmasch von offizieller Empörung und heimlicher Bewunderung („So muß man's machen, um reich zu werden") z. B. für Prominente, die auf zweifelhafte Weise zu ihren Millionen gekommen sind. Sind Erwachsene da nicht ein bißchen unehrlich, wenn sie von Kindern mehr erwarten als von sich selbst?

„Auf ehrliche Weise kommt man heute zu nichts mehr, hat mein Vater gesagt." „Zu was willste denn kommen?" „Naja, viel Geld verdienen. Wenn man sich nichts leisten kann, ist doch beschissen." „Ich brauche den ganzen Mist gar nicht, den man so kaufen kann. Es gibt Wichtigeres im Leben." „Das sagen Sie bloß so. In Wirklichkeit wären Sie auch gern reich und müßten sich hier nicht mit uns rumärgern."

„Was Sie uns immer sagen, wir sollen reden, nicht prügeln, das machen die Erwachsenen doch auch nicht. Wenn jetzt einer arbeitslos wird, dann kann er doch nicht mit seinem Chef reden, der hört doch gar nicht zu. Reden nützt doch oft gar nichts. Wer fragt denn die Leute, was sie wollen? Bei dem Krieg in Bosnien, da hat doch niemand die Leute gefragt, die die Macht haben wollen, die machen das einfach…"

Kinder und Jugendliche können ziemlich hart und direkt sein, wenn sie die gesellschaftliche Doppelmoral anprangern und Erwachsene damit in Bedrängnis bringen. In dem, was sie sagen, drücken sie manchmal auch die Enttäuschung und Wut aus, die Erwachsene hinter äußerer Gleichgültigkeit meistens gar nicht mehr bei sich bemerken. Gesprächs„anfragen" dieser Art kann man im Alltagstrott leicht überhören. Manchmal weiß man auch erst gar nichts darauf zu antworten, aber irgendwie geht einem das Gespräch noch nach. Üben Sie, hier aufmerksam und ernsthaft zu sein. Bei „Gelaber" schalten Kinder ziemlich schnell ab.

Wie Aggressionen verstärkt werden

Lob und Anerkennung sind die wichtigsten Verstärker für jedes Verhalten.

In den meisten sozialen Gruppen gibt es Aggressionsformen, die positiv verstärkt werden:

In Banden sind körperlich starke Jungen, die sich prügeln, häufig Anführer, andere gelten als Feiglinge und Schwächlinge.

Arbeitsteams haben Kolleginnen mit einer „scharfen Zunge", die endlich mal aussprechen, was sowieso alle denken, Kollegen „durch den Kakao ziehen"; Witze und Anspielungen gegenüber Vorgesetzten sind anerkannte Mittel der Aggressionsabfuhr.

Mit geschlechtsspezifischen Rollenerwartungen wie „ein Junge darf sich nichts gefallen lassen" oder „ein richtiger kleiner Draufgänger" ermuntern Eltern ihren Sohn. Nun haben wahrscheinlich die meisten Eltern den unbewußten Wunsch, ihr Kind möge lieber Gewinner als Verlierer in Auseinandersetzungen sein. Der amerikanische Aggressionsforscher Bandura untersuchte das Erziehungsverhalten von Eltern, deren Jungen von anderen Kindern und Erwachsenen als besonders aggressiv beschrieben wurden. Er stellte fest, daß die Eltern das Verhalten ihrer Söhne nicht nur tolerierten und ihre Taten als Lappalien bewerteten, sondern eigentlich sogar bewunderten. (Bandura 1979).

Möglicherweise entschuldigen Eltern das Verhalten ihres Kindes „aus Liebe", dennoch schaden sie dem Kind damit schwer, weil es eine völlig unrealistische Vorstellung von geltenden Normen bekommt.

Von guten und schlechten Vorbildern

Wer etwas über Vorbildwirkungen wissen möchte, braucht Kindern nur einmal beim Vater-Mutter-Kind-Spiel zuzuschauen und sieht die ganze Palette aggressiver Verhaltensweisen wie Drohen, Schimpfen, Ins-Bett-

Schicken, Nicht-mehr-lieb-Haben. Hauen und Schimpfen lernt man genauso wie Schleifenbinden, sagen die Lernpsychologen: durch Zuschauen und Nachahmen. Das wichtigste Modell für Vorschulkinder sind die Eltern, und dabei besonders der gleichgeschlechtliche Elternteil, aber auch Geschwister, andere Kinder, Pädagogen und andere wichtige Bezugspersonen. Das Lernen aggressiver Vorbilder ist durch zahlreiche Untersuchungen nachgewiesen worden (vgl. Nolting, S. 84 ff.). In der öffentlichen Diskussion spielt fast ausschließlich die negative Vorbild-Wirkung des Fernsehens eine Rolle, während das eigene Verhalten eher als positives Vorbild gesehen wird.

Kinder sehen täglich Dutzende von guten und schlechten Vorbildern. Welche sind prägend? Vorbilder sind um so wirksamer, je intensiver die persönliche Beziehung und Bindung ist. Ist das Modell außerdem noch mächtig und hat sein Verhalten Erfolg, so ist die Wirkung noch größer. Gelegentliche Vorbilder in den Medien ohne Bezug zur eigenen Lebenssituation haben demgegenüber keine nachgewiesene Bedeutung.

Wozu Aggressionen dienen

Ein Erfahrungsbericht aus der Sicht des Kindergarten-Kindes Thomas.

„Wenn man drüben im Kindergarten die Erzieherin ruft, dann wird sie wahrscheinlich sagen: ‚Warte einen Moment, ich will dies hier nur noch fertigmachen. Ich bin gleich bei dir.‘ Wenn man aber statt dessen ein großes Auto nimmt und es dem Nebenmann auf den Kopf knallt, so daß er ein wahnsinniges Geheul anstimmt, dann kommt die Erzieherin sofort. Sie sagt zwar etwas wie: ‚Was hast du denn nun wieder angestellt. Wie oft soll ich dir sagen, daß ...‘ usw., aber Aufmerksamkeit ist es dennoch. Und will man diese Aufmerksamkeit ausdehnen, braucht man nur zu sagen: ‚Ich habe nicht angefangen‘, ‚Ich habe ja gar nicht ...‘ usw. Dann fängt die Erzieherin an, mit einem zu diskutieren. Auf diese Weise kann man die Aufmerksamkeit erlangen, sobald man will und solange man will. Die ist zwar von der Art: ‚Hör damit auf.‘ – ‚Warum hast du das getan?‘ ‚Kannst du das nicht sein lassen?‘ – Aber zum Schluß will die Erzieherin ja wieder freundlich zu einem sein.

Wenn man im Kreis sitzt und reihum etwas sagen, singen oder eine Geschichte anhören soll, dann nimmt man der Reihe nach Kontakt mit den Erwachsenen auf, wenn es so ablaufen soll, wie sich die Erzieher das gedacht hatten. Wenn man aber, statt auf seinem Platz zu sitzen, herumrennt, nicht mitmachen will, die anderen Kinder zum Heulen bringt, dann sagen die Erwachsenen die ganze Zeit: ‚Setz dich hin, Thomas.‘ ‚Laß das sein, Thomas.‘ ‚Hör endlich auf. Thomas, wie oft soll ich dir das noch sagen?‘

Wenn man also gerne möchte, daß sich die Erzieher dafür interessieren, was man gerade tut, wäre es dumm, das zu tun, was sie sagen, wie all die anderen Schwachköpfe (für die sie sich ja fast gar nicht interessieren). Wenn man das so richtig drauf hat, dann dauert es nicht lange, bis die Erzieherinnen einsehen, daß sie sich neben einen setzen müssen, um irgend etwas mit der Gruppe durchführen zu können. Man bekommt also einen der begehrtesten Plätze, kann vielleicht sogar auf dem Schoß sitzen und sieht dort die Bilder als erster, wenn man besonders erfolgreich zu stören versteht. Die Erzieherinnen sagen dann: ‚Wir müssen ihn auf den Schoß nehmen, sonst zerstört er die ganze Situation.' Solche Privilegien werden den ‚artigen' Kindern nur selten zugestanden."

(Jørgensen/Schreiner, S. 31 f.)

Fällt Ihnen an dieser Beschreibung etwas auf? Hier wird ganz neutral – fast wie ein technischer Vorgang – über einen Ablauf berichtet. Thomas ist in diesen Situationen der „Bestimmer", die Erzieherinnen re-agieren. In der Diskussion um die Ursachen aggressiven Verhaltens wird der Aspekt, daß ein Kind damit das Gruppengeschehen erfolgreich lenken kann, oft außer acht gelassen.

Kinder sind nicht „grundlos", aus „Jux und Dollerei" oder „Veranlagung" aggressiv, sondern können damit einen Zweck verfolgen. Ob Aggressionen „instrumentell" – als Mittel zum Zweck – eingesetzt werden, läßt sich gut durch „Wozu"-Fragen herausfinden.

Statt „wozu" (dient das Verhalten) haben die meisten Pädagogen gelernt, „warum" zu fragen und Ursachenforschung zu betreiben. Die Erzieherin würde sich vielleicht fragen: Warum ist Thomas heute so unruhig? Ihr würde einfallen, daß er gestern bei seiner Oma übernachtet hat, weil seine Mutter im Krankenhaus ist. Oder ihr würde einfallen, daß seine Eltern sich getrennt haben.

Im Umfeld von Thomas wird nach einem „Fehler" gesucht, der vielleicht Schuld ist am Verhalten des Kindes. Auf einen Schuldigen kann man sauer sein, aber das ändert in der Regel nichts. „Warum"-Fragen suchen nach einer moralischen Bewertung – wenn Thomas einen Grund hat, böse zu sein, kann ich Mitleid mit ihm haben. „Warum"-Fragen führen oft zur Erkenntnis: Ich kann nichts tun, oder zu Schuldgefühlen, wenn man gegen ein Kind aus einer „schlimmen" Familie hart vorgegangen ist.

Der Warum-Blickwinkel ist eher rückwärts und auf Faktoren außerhalb des eigenen Handlungsfeldes gerichtet. Statt: „Was ist früher einmal gewesen, wo sind die Ursachen", kann ich auch fragen: „Wozu dient das Verhalten jetzt in dieser Situation?" Der Wozu-Blickwinkel ist gegenwartsbezogen und sucht Lösungen im eigenen Handlungsfeld.

Dazu ist es notwendig, genau zu beschreiben:
- In welchen Situationen kommt es zu problematischen Verhaltensweisen?
- Wie verlaufen sie? Wer ist beteiligt und reagiert wie?
- Was ist das Ergebnis?
- Wozu war das Verhalten nützlich? Was wollte das Kind erreichen?

Nehmen Sie sich vor, in den nächsten Wochen Kinder gezielter zu beobachten. Schreiben Sie Verlauf und Ergebnis auf. Dazu kann es nützlich sein, sich das Ganze wie einen Film, der abläuft, vorzustellen. Bitten Sie – wenn möglich – Kolleginnen ebenfalls um eine Beobachtung. Wie nimmt die Kollegin Ihr Verhalten wahr?

Gute Absichten – böse Folgen

„Ich weiß ja, daß Thomas meine Zuwendung haben will. Aber ich kann mich nun mal nicht intensiv um jeden einzelnen kümmern in einer Gruppe von zwanzig Kindern", sagt Thomas' Erzieherin, als im Team über den Sinn seines aggressiven Verhaltens gesprochen wird. Sie versucht seinen Wunsch abzuwehren, gibt aber seinen Provokationen schließlich doch nach.

Als Erzieherin ahnt man natürlich oft, daß störendes Verhalten einen ganz anderen Sinn hat. Dazu einige Beispiele:
- Tanja möchte Brittas Freundin sein. Sie erzählt Britta: „Marie hat gesagt, du bist eine doofe Kuh" und hofft, daß Britta nun nicht mehr mit Marie spielt.
- Lars möchte auch so einen schönen Schulranzen haben wie Eric. Seinen findet er häßlich. Er bekritzelt Erics Ranzen unbemerkt mit Filzstift.
- Marek möchte, daß die anderen Kinder ihn respektieren und nicht mehr „Polacke" zu ihm sagen. Wenn er sich prügelt, haben die anderen Angst vor ihm.

Können Sie die Bedürfnisse der Kinder akzeptieren?

Ja – aber nicht mit diesen Mitteln, werden die meisten antworten.

Aggressives Verhalten dient der Befriedigung von Bedürfnissen mit sozial nicht erwünschten Mitteln. Genaugenommen gibt es gar keine „bösen" Absichten, auch wenn das meist bei Gewalt und Aggressionen unterstellt wird.

Der Sinn von „Problemverhalten" kann zum Beispiel sein:
- Der Wunsch, die Erzieherin ganz für sich allein zu haben
- Das Bedürfnis, von anderen bewundert zu werden

– Zu zeigen, daß ich Ruhe und eine Pause brauche
– Meine Angst zu verstecken, daß meine Mutter nicht zurückkommt

Diese Grundbedürfnisse und Ängste sind oft nicht sofort zu erkennen, sondern brauchen längere Beobachtung und Reflexion. Dabei können die Wozu-Fragen nützlich sein. Hilfreich ist auch, die Situation aus der Perspektive des Kindes zu sehen: Wie ginge es mir im Augenblick, wenn ich das Kind wäre? Was möchte ich? Was will ich auf keinen Fall? Was sollen die anderen tun?

Thomas' Erzieherin ist skeptisch: „Was soll das alles? Ich muß das Kind ja trotzdem irgendwie zur Ruhe bringen, da ist es doch egal, welcher Wunsch dahintersteht."

Wenn Sie sich angewöhnen, diese Perspektive mitzubedenken, wird es einen Unterschied geben. Sie verallgemeinern dann nicht ein Verhalten („Thomas *ist* ein Schläger") und können dem Kind zeigen, daß Sie nur sein augenblickliches Verhalten ablehnen und nicht dulden werden. Das macht Sie offener für die anderen nichtstörenden, positiven Eigenschaften des Kindes und verbessert die Beziehung.

Aufgabe von Erzieherinnen ist es, mit den Kindern andere Wege der Bedürfnisbefriedigung zu finden. Wenn sich Verhaltensmuster verfestigt haben, wird dies nur in einem längeren Prozeß möglich sein.

Das Kind muß erleben, daß sich zielgerichtete Aggressionen nicht „lohnen". In dem Beispiel mit Thomas darf er es nicht schaffen, durch seine Provokationen die Erzieherin zu etwas zu zwingen. Sie wird also nicht dauernd zu ihm rennen und sich in Diskussionen verwickeln lassen. Statt dessen trennt sie Streithähne ohne viel Worte. Sie kündigt Thomas an, was sie von ihm erwartet. Wenn er sich daran hält, wird sie sich z. B. nachher eine Viertelstunde ganz um ihn allein kümmern. Wenn nicht, kann er nicht weiter beim Geschichtenvorlesen dabeisein und muß etwas anderes tun.

Kinder wollen
– Grenzen spüren,
– Regeln herausfinden und verändern,
– zeigen, wenn sich andere unklar und widersprüchlich verhalten,
– ihren Körper und unseren Körper spüren,
– Nähe und Kontakt herstellen,
– uns herausfordern,
– sich in der Gruppe und im Raum orientieren,
– Halt finden.

Die meisten Kinder können das ohne Gewalt – einige Kinder versuchen mit Gewalt zu bekommen, was sie brauchen.

Was bewirkt mein eigenes Verhalten?

„Der Dani hält uns alle in Atem. Er ist ziemlich oft aggressiv. Am schlimmsten war es gestern, als er ein Kind grundlos gewürgt hat. Auf der anderen Seite kann er aber auch wieder sehr, sehr lieb sein. Dann hilft er uns und macht alles, was wir sagen. Aber das weiß man bei ihm nie, man achtet schon darauf, na, wie kommt er heute aus der Schule."

Soweit die erste Schilderung einiger Erzieherinnen während einer Team-Fortbildung zum Thema „Aggression". „Was können wir denn anders machen?" fragt die Gruppenerzieherin aus dem Hort.

Bisher haben die Erzieherinnen immer eingegriffen und versucht, „das Schlimmste" zu verhindern. Eingreifen ist allerdings nur eine „Insel-Lösung". In einer Gefahrensituation hat man meist nicht sehr viele Wahlmöglichkeiten. Neue Möglichkeiten können sich eröffnen, wenn man die Gesamtsituation des Kindes in der Gruppe betrachtet. Und sich fragt, was bewirkt mein eigenes Verhalten?

Die Erzieherin schildert nun die beschriebene Situation noch einmal ausführlicher und bezieht ihr eigenes Verhalten mit ein.

„Also ich komme in den Flur und sehe, wie Dani den Patrick würgt. Da bin ich sofort dazwischen und habe die beiden getrennt. Ich war empört und habe den Dani gefragt, warum er das getan hat. Keine Antwort. Dann habe ich gesagt: So, du bleibst jetzt erst mal hier oben. Einerseits hatte ich ja Angst, den in den Garten zu schicken, wer weiß, was da noch passiert, aber das war auch schon so was wie eine Strafe. Der Dani geht nämlich unwahrscheinlich gern in den Garten."

„Und wie ging es dann weiter?"

„Der Dani saß dann da im Gruppenraum wie ein Häufchen Elend. Nach einiger Zeit fing er an rumzugehen, das macht er oft, er rennt dann so ruhelos rum wie ein Tiger. Schließlich tat er mir irgendwann leid, und ich sagte, so jetzt darfst du runter. Aber es dauerte nicht lange, da hat er sich unten wieder geprügelt."

In der anschließenden Diskussion arbeitet die Gruppe folgende Gesichtspunkte heraus:
- Die Erzieherin hat Dani eine Konsequenz für sein Verhalten angekündigt. Nach kurzer Zeit darf er dann doch in den Garten. Was soll Dani davon halten? Er kann jetzt nicht einschätzen, ob sein Verhalten wirklich so schlimm war. Zwar hat er Patrick ziemlich hart angefaßt – na und? Der hat ihn ja vorher geärgert. Die Erzieherin hat ein bißchen geschimpft, aber daran ist er gewöhnt. Jetzt scheint wieder alles in Ordnung zu sein.
- Weshalb tut Dani der Erzieherin leid? Sie erzählt, daß Dani aus schwie-

rigen Familienverhältnissen kommt. Der Vater kümmert sich gar nicht um seine Kinder, meint sie. Und die Mutter ist voll berufstätig. Sie wird mit dem Jungen nicht fertig. „Wenn die kommt, guckt sie immer so schuldbewußt, als habe sie Angst, daß ich sie anspreche." Dani braucht aber kein Mitleid. Er braucht jemand, der ihn ernst nimmt und ihm klare Grenzen setzt. Die Ankündigung einer Konsequenz, die dann doch nicht eingehalten wird, erscheint für das Kind wie eine nachträgliche Billigung seines Verhaltens.

- Wann mögen wir Dani? „Er hilft uns ziemlich oft, er kann auch sehr nett sein." Aber eigentlich paßt er gar nicht mehr in den Hort. „Er ist sehr groß für sein Alter, und dann ist er auch ziemlich korpulent, er ißt nämlich unwahrscheinlich gerne." Kinder spüren auch ohne Worte sehr genau, was man von ihnen hält. Mit seinem unmöglichen Verhalten „beweist" Dani immer wieder, daß er tatsächlich nicht mehr in den Hort paßt und nicht liebenswert ist. Aggressive Kinder haben gelernt, sich über ihr Verhalten negative Zuwendung zu holen.

Aufgrund dieser neuen Aspekte überlegen die Erzieherinnen, was sie anders machen könnten.

- Für Dani ist wichtig, genau zu wissen, was er im Hort nicht tun darf. Er muß sich darauf verlassen können, daß angekündigte Konsequenzen auch durchgeführt werden. Die Konsequenzen erfolgen unmittelbar und stehen im Zusammenhang mit seinem Verhalten. Dani muß vorher wissen, was ihn erwartet.
- Es ist wichtig, Dani positiv zu bestätigen. Anstatt zu sagen: „Wenn du prügelst, darfst du nicht in den Garten", könnte es auch heißen: „Wenn du heute nicht prügelst, darfst du früher in den Garten." Diese Bedingungen können mit Dani besprochen werden in einer ruhigen Situation, wenn er in der Lage ist zuzuhören. Vielleicht hat er dabei auch noch eigene Ideen für „Belohnungen".
- Wie können die Erzieherinnen eine positive, entspanntere Haltung zu Dani gewinnen? Bei Sorgenkindern werden leicht alle Verhaltensweisen zum Problem. Die Hortnerin versucht, Dani in einem anderen Licht zu sehen. „Er hat ein unheimlich lautes Organ, der kann alle anderen überschreien. Bislang hat mich das immer sehr genervt. Aber ich könnte das auch manchmal nutzen. Ich habe nämlich eine sehr leise Stimme. Wenn ich mal alle Kinder zusammenrufen muß, könnte Dani das für mich tun."
- Die Erzieherinnen sollten ihre innere Einstellung zu Dani überprüfen. Wollen sie ihn im Hort? Welche positiven Entwicklungsmöglichkeiten hat der Junge im Hort? Wenn es darauf keine befriedigende Antwort gibt, müssen die Erzieherinnen mit den Eltern zusammen überlegen, was das Kind braucht. Der Hortnerin fiel ein, daß Dani sehr begeistert war

von einem Besuch im Jugendzentrum und einer Theatergruppe dort. Vielleicht hat er dort Möglichkeiten, mal in andere Rollen zu schlüpfen und Bestätigung zu erhalten und sich nach und nach vom Hort zu lösen.

Neue Lösungen finden sich

- Wenn man überlegt: Wie erlebt das Kind wohl die Situation? Was möchte es, fühlt es, denkt es?
- Wenn man das eigene Verhalten mit einbezieht: Was bedeutet meine Reaktion für das Kind?
- Wenn man die eigenen Gefühle wahrnimmt: Lehne ich das Verhalten ab oder das Kind insgesamt? Bin ich bereit, seine positiven Eigenschaften zu sehen?
- Wenn man, statt das Kind „umzumodeln", fragt: Was möchte ich tun und was brauche ich, damit es mir in der Situation bessergeht?

Etikettierung: Bösewichter und Unschuldslämmer

Zwei Erzieherinnen unterhalten sich über ein Kind. „Wenn nicht alle nach seiner Pfeife tanzen, wird er aggressiv", beklagt sich die Gruppenerzieherin. „Ach, Ole ...", nickt die Krippenerzieherin, „der war doch schon in der Krippe so."

Traurig, aber wahr – es gibt aggressive „Karrieren". Kommunikationsforscher haben herausgefunden, daß die Umgebung daran einen erheblichen Anteil hat. Aggressive Kinder werden nicht geboren. Jedes Kind will herausfinden: „Wer bin ich." Die Reaktionen anderer Menschen auf sein Verhalten geben ihm – positive oder negative – Antworten darauf. Im Laufe der Zeit bildet das Kind ein eigenes Selbstkonzept heraus. Im Fall von Ole könnte sich das so zugetragen haben: Ole ist ein sehr lebhaftes, kräftiges Kleinkind. Seine Aktivität wird jedoch von der Umgebung häufig unterbunden mit Worten wie „Alles mußt du durcheinanderbringen", „Kannst du nicht mal fünf Minuten Ruhe geben", „Laß endlich deine Schwester in Ruhe". Ole erhält massenhaft Signale, daß er stört und lästig ist. Er sucht deshalb Gelegenheiten, in denen er sich nicht minderwertig, sondern überlegen fühlen kann. Wenn er andere kommandiert, ist er groß und stark. Lange hält dieses Überlegenheitsgefühl jedoch nicht an, weil die anderen sich wehren oder ein Erwachsener eingreift und Ole wiederum bestätigt, daß er „böse" ist. Damit hat sich der Kreis geschlossen. Hinter Oles aggressiver Fassade steht ein geringes Selbstwertgefühl, das sich ständig beweisen will.

In diesen Teufelskreis gehört, daß Ole der Erzieherin immer wieder in Situationen auffällt, in denen er andere bedrängt und Streit entsteht. Die Erzieherin fühlt sich in ihrer Wahrnehmung bestätigt: Bei dem muß ich aufpassen.

So entstehen im Laufe der Zeit „Etikettierungen" – das Problemkind, das hyperaktive Kind, das verhaltensauffällige Kind, das aggressive Kind –, und die Wahrnehmung der Bezugspersonen richtet sich immer stärker auf das störende Verhalten des Kindes aus. Diese Bezeichnungen sagen nichts darüber aus, wie das Kind „wirklich" ist, sondern wie es mit einem Ausschnitt seiner Person wahrgenommen wird.

Bildlich gesprochen sehen und bewerten die Bezugspersonen das Verhalten des Kindes wie durch eine Brille. Hat eine Erzieherin die „Problemkind"-Brille auf, könnte das beispielsweise so aussehen: Das Kind hat in der Gruppe keine intensiven Freundschaften. Die Erzieherin sieht, wie das Kind zu einem anderen sagt: „Schau mal, ich habe neue Fußball-Sammelbilder. Willst du die mal sehen? Ich schenk dir auch eins." Mit der Problemkind-Brille wird die Erzieherin jetzt unruhig.

Möglichkeit 1: „Traurig, daß er sich Freunde kaufen muß. Er tut mir leid."

Möglichkeit 2: „Woll'n mal sehen, wie lange das gut geht. Als er gestern keinen zum Spielen gefunden hat, fing er an, die anderen zu ärgern."

Das Problemkind wird es schwer haben, sich einfach nett zu verhalten, weil die Umgebung von ihm erwartet, daß es sich negativ verhält.

Welchen Ausweg gibt es für Erzieherinnen aus diesem sich selbst verstärkenden Kreislauf? Eine Verhaltensänderung des Kindes wird erschwert, je stärker ich selbst auf das Problemverhalten fixiert bin und immer wieder darauf anspringe. Fachlicher und kollegialer Austausch kann dazu beitragen, das Kind öfter durch eine wohlwollende Brille zu sehen.

Offene und gruppenübergreifende Strukturen ermöglichen Kindern, aus der Sündenbock-Rolle innerhalb einer festen Gruppe herauszukommen.

Haben Sie selbst als Kind Erfahrungen mit positiven oder negativen „Etiketten" gemacht?
Waren Sie eventuell die Schmusekatze, der Angsthase, der Klassenclown, der Störenfried?
Waren Sie im Kindergarten oder der Schule „die gute" oder „die schlechte" Schülerin?
Wie haben sich diese Etiketten ausgewirkt auf ihre Beziehungen zu Eltern, Verwandten, Lehrern, anderen Kindern?
Haben Sie ihr Etikett behalten – oder wie wurden Sie es los?

„Man sieht nur mit dem Herzen gut"

Was kann uns dieser Satz von Antoine de Saint-Exupéry sagen:
Negative Gefühle schränken die Wahrnehmung ein. Wenn Sie Ihre Wahrnehmung erweitern, wird sich die Beziehung zu den Kindern verbessern.

Denken Sie an ein Kind, dessen Verhalten Ihnen häufig auffällt, das sie stört, nervt.

Nehmen Sie sich Zeit, um über folgende Fragen nachzudenken:

Was gefällt mir an ihm?
Was sind seine Stärken?
Welche Verantwortung übernimmt es gerne für die Gruppe?
Wobei hilft es gerne?
Mit welchen Kindern ist es gerne zusammen? Mit welchen Erzieherinnen?
Was mag es an mir?
Was spielt es gerne? Wofür interessiert es sich? Wie kann ich sein Interesse teilen?
Wann bin ich gern mit ihm zusammen?
Was ist für das Kind das Schönste in der Gruppe?
Was war oder wäre für es ein großes Erfolgserlebnis?

Nehmen Sie sich vor, auf diese positiven Dinge zu achten und das Kind dabei „zu erwischen". Vielleicht machen Sie zunächst bei einem Kind einen „Test" und überprüfen nach vier Wochen, wie sich dies ausgewirkt hat.

Beobachtungen als Grundlage für pädagogisches Handeln

„Thomas war heute hinterhältig."

Heute den ganzen Tag? Gegenüber wem war er hinterhältig? Was genau hat er gesagt, getan?

Wenn wir über andere sprechen, ist das oft eine Mischung aus Beobachtungen, Verallgemeinerungen, Vermutungen und Interpretationen. Um das Geschehen in der Gruppe und das Verhalten der Kinder zu beeinflussen, ist eine genaue Beobachtung ohne Bewertung notwendig. Aber ich bin doch den ganzen Tag mit den Kindern zusammen, selbstverständlich beobachte ich sie auch dabei, werden Sie vielleicht einwenden. Das Beispiel mit Thomas zeigt, daß wir oft im Alltag nicht genau beobachten, sondern uns gleich „unseren Reim darauf machen".

Was läßt sich überhaupt beobachten? Alles, was man über die Sinneskanäle wahrnehmen kann, also sehen, hören, spüren, riechen, schmecken.

Absichten, Motive, Gefühle wie „hinterhältig", „ängstlich" „neidisch" lassen sich nicht beobachten, sondern sind Vermutungen.

Eine *wertneutrale Beschreibung* von Thomas' Verhalten sieht so aus:

- Thomas, 7, geht an den Gruppentisch zu Maik, 5. Er sagt: Tauschen wir und zeigt auf einen Schlumpf, mit dem Maik spielt. Thomas zeigt ihm seine Figur, ein Plastikmonster. Guck mal, die hast du doch noch nicht, wenn man den Arm dreht, ist das ein Gewehr. Maik strahlt und antwortet: Oh ja. Nachdem Thomas abgezogen ist, stellt Maik fest, daß sich der Arm nicht drehen läßt und nach einigen Versuchen aus der Figur herausfällt. Maik rennt zu Thomas und ruft: Guck mal, die ist ja kaputt. Ich will meinen Schlumpf wiederhaben. Thomas antwortet: Nö, getauscht ist getauscht.

- Davon zu unterscheiden ist die *Bewertung durch die Erzieherin:*
  Ich vermute, Thomas wußte, daß seine Figur kaputt ist und er sich einen Plan gemacht hat, um sie loszuwerden und etwas besseres zu bekommen. Dieses Verhalten ist für mich hinterhältig.

- Die Erzieherin hat Thomas' Verhalten mit einer Bedeutung versehen. Sie kann richtig oder falsch sein. Bewertungen lassen sich nicht vermeiden. Sie sind sogar notwendig, um „verborgene Wünsche und Absichten" zu finden. Man sollte sich aber bewußt sein, daß Bewertungen immer subjektiv und von der Beziehung zu der beobachteten Person abhängig sind. Thomas' Oma oder sein großer Bruder wären vielleicht zu ganz anderen Schlußfolgerungen gekommen.

Die eigenen Gefühle

- Ich bin ärgerlich und enttäuscht über Thomas' Verhalten. Ich fühle mich hilflos, weil ich nicht weiß, ob und wie ich eingreifen soll.
  Dieser Bereich bleibt meistens im „Nebel", man nimmt sich dafür nicht viel Zeit, sondern handelt gleich.
  Die Gefühle, die das Verhalten von Thomas auslöst, sind wiederum sehr unterschiedlich, je nachdem wie eine Erzieherin zu Thomas und Maik steht, ob sie sich selbst sicher und kompetent in ihrem Beruf fühlt, ob sie einen guten oder schlechten Tag hat.

Diese Art der Unterscheidung ist ungewohnt und zeitaufwendig, „zahlt" sich aber aus, weil sich daraus meist neue Handlungsmöglichkeiten ergeben. Für Gespräche mit Eltern sind genaue Beobachtungen und die Trennung von eigenen Gefühlen und Bewertungen unerläßlich, ebenso wenn sich Erzieherinnen Unterstützung von Kolleginnen holen wollen.

Arbeitsblatt

Verhalten beobachten und beschreiben

Gehen Sie in Gedanken die Kinder durch, mit denen Sie täglich zu tun haben. Welche Kinder sind es, die Ihnen zuerst einfallen und zu denen Ihre Gedanken immer wieder zurückkehren im Zusammenhang mit Aggression und Gewalt?
Mit welchem Verhalten komme ich nicht klar?
Halten Sie zunächst grob in Stichworten fest, was Sie stört.

Wenn Sie sich vorgenommen haben, anders als mit Schimpfen und Ermahnen zu reagieren, sind folgende Schritte wichtig:
- Beobachten Sie ein „aggressives" Kind über einen längeren Zeitraum, zu verschiedenen Tageszeiten, in verschiedenen Situationen (Essen, Freispiel, Bringe- und Abholsituation usw.).
- Nehmen Sie sich dabei Zeit, das Verhalten wertneutral zu beschreiben und noch keine Schlußfolgerungen zu ziehen. Jemand, der nicht dabei war, sollte sich genau vorstellen können, was das Kind tat, also boxen, treten, den Arm umdrehen, schreien, brüllen usw.
- Beschreiben Sie die Situation und die Reaktionen der Beteiligten genau. Wann fand das statt, wo, wer war zugegen, wer tat was?
- Halten Sie die Beobachtung fest (Heft, Notizblock).
- Bitten Sie Kolleginnen, Praktikantinnen oder auch Außenstehende, mit denen Sie fachlich zusammenarbeiten, ebenfalls darum, das Kind zu beobachten.
- Gehen Sie nach einer gewissen Zeit ihre Notizen durch: Gibt es bestimmte, immer wiederkehrende Abläufe (Muster)? Wie genau sehen die aus?
- Bewertung: Kann ich ein bestimmtes Ziel des Verhaltens erkennen? Was vermute ich als Absicht des Verhaltens?

Durch die Beobachtung über einen längeren Zeitraum erhalten Sie Informationen nicht nur über die unmittelbare Absicht („er wollte das Spiel haben"), sondern auch über mögliche nichtbefriedigte Bedürfnisse, die zu diesem Verhalten geführt haben („er sucht Kontakt zu Kindern und wird mehrmals zurückgewiesen").

Tauschen Sie sich über Ihre Bewertung mit anderen aus.
Erst danach sind weitere Überlegungen sinnvoll, ob und wie Sie etwas tun möchten.

Nehmen Sie sich Zeit, Ihre Gruppe anhand folgender Fragen noch besser kennenzulernen und Ihr eigenes Verhalten einzuschätzen.

Welche Konflikte haben die Kinder in Ihrer Gruppe untereinander? Worum geht es dabei meist?
Wie tragen die Kinder ihre Konflikte aus?
Welche konstruktiven, welche destruktiven Verhaltensweisen erleben Sie dabei?
Sind es bestimmte Kinder, die in bestimmte Konflikte verwickelt sind?
Wie erleben Sie diese Kinder, eher als Initiatoren, Opfer, lachende Dritte, Streitschlichter usw.?
Gibt es dabei typische Verläufe?
Wo greifen Sie besonders oft ein, und wie tun Sie das dann?
Welche Art von Zuwendung bekommen die einzelnen Kinder von Ihnen besonders häufig? (Lob, Freundlichkeit, Kritik, Schimpfen usw.)
Gibt es Kinder, die von Ihnen in positiver oder negativer Hinsicht besonders viel Aufmerksamkeit bekommen?
Sind Ihnen durch die Bearbeitung neue Einsichten über die Dynamik zwischen den Kindern und Ihnen gekommen?

Kapitel 7

„Gewalt ist einfach.
Alternativen zur Gewalt sind komplex."

Nach dieser Devise des Aggressionsforschers Friedrich Hacker möchte ich mit Ihnen gemeinsam überlegen, wie Sie mit Aggressionen umgehen und Gewalt vermeiden können. Das ist nicht nur eine Aufgabe für die einzelne Erzieherin, sondern für das gesamte Team.

Alle Bedingungen in pädagogischen Institutionen tragen dazu bei, ob sich Kinder, Eltern und Pädagogen wohl fühlen oder genervt und gereizt sind.

Gruppengröße, Elternkontakte, Raumgestaltung, Zeitplanung, offene Planung, Zusammenarbeit im Team, Materialangebot, Teamsituation, Tagesablauf, Regeln, Freigelände – all das ermöglicht oder verhindert Entwicklungen.

Das Team setzt mit der pädagogischen Konzeption wichtige Schwerpunkte. Austausch, gegenseitige fachliche Unterstützung und kollegiale Beratung sind notwendig, um zielgerichtet und erfolgreich zu handeln.

In den nächsten Abschnitten geht es um diese konzeptionellen Fragen, die im Team besprochen werden sollten. Worauf es mir dabei ankommt, benennen folgende Stichpunkte:.

- Bewegung ist Leben: Bewegen, Lärmen, Toben haben Platz in der Kita
- Sinn-voll spielen
- Anspannung braucht Entspannung
- Abenteuer gibt's nicht nur im Fernsehen
- Kämpfen erlaubt – aber auf faire Regeln kommt es an
- Regeln und Rituale bringen Sicherheit und Orientierung
- Jungen und Mädchen dürfen verschieden sein
- Gefühle erleben macht empfindsam

Was brauchen Kinder?

In einer Kindertagesstätten-Konzeption stehen meist sehr viele verschiedene Bedürfnisse, die Kinder haben. Neben ihren physiologischen Bedürfnissen suchen Kinder vor allem nach Sicherheit, Zugehörigkeit und Anerkennung. Kann es diese Grundbedürfnisse nicht befriedigen, dann versucht das Kind, sich durch Ersatzhandlungen Wohlbefinden zu verschaffen und auf den Mangel aufmerksam zu machen.

Grundvertrauen zu sich selbst und zu anderen gewinnen Kinder vor allem durch die Zuwendung der Eltern in der frühen Kindheit. Es gibt aber auch in Kindertageseinrichtungen viele Situationen und Momente, in denen ein Kind sich unsicher, ausgeschlossen oder mißachtet fühlen kann und dies störend zeigt.
Vielleicht fallen Ihnen neben den genannten noch weitere ein.

Gehöre ich hier hin? Wer mag mich?
Kinder können einsam sein:
– die ersten Tage und Wochen im Kindergarten, wenn die Eingewöhnung zu kurz war und keine sichere Bindung zu einer Erzieherin aufgebaut werden konnte;
– bei einem Gruppen- oder Erzieherinnenwechsel;
– bei häufigem Erzieherwechsel;
– wenn der Freund in die Schule kommt und sie allein zurückbleiben.

Was bin ich wert? Darf ich mitmachen und dabeisein?
Kinder können überfordert sein und sich abgelehnt fühlen:
– wenn viele Aktivitäten Wettbewerbscharakter haben und produkt- und leistungsorientiert sind;
– wenn Erzieherinnen oft bewerten (…besser oder schlechter als…);
– wenn Konsum wichtig ist (z. B. welches Kind bringt zu seinem Geburtstag am meisten mit);
– wenn Kinder an kostenpflichtigen Angeboten in der Kita (Frühenglisch, Musikschule) nicht teilnehmen können.

Wer gibt mir Sicherheit?
Kinder können durch zu weite oder zu enge Grenzen ängstlich und frustriert werden:
– wenn in der offenen Arbeit Bindungsbedürfnisse zu wenig berücksichtigt werden;
– wenn es verboten ist, die Freundin in der anderen Gruppe zu besuchen;
– wenn ein großes Haus zu unübersichtlich ist.

Diese und ähnliche Situationen sind kleine „Krisen", die angst machen. Viele dieser Krisen überwinden Kinder allein und werden selbständiger und unabhängiger.

Für einige Kinder ist die Belastung aber zu groß,
– wenn ihnen zu viel zu schnell zugemutet wird;

– wenn sie ihre Angst nicht zeigen dürfen;
– wenn auch zu Hause Sicherheit, Anerkennung und Orientierung fehlen.

Die Erzieherin als aktive Zuhörerin

Sabine, acht Jahre alt: „Gestern hätte ich meine Freundin am liebsten totge-
schlagen!" Erzieherin: „Oh, dann hat die sich bestimmt ganz schlecht
benommen!" „Ja, und wie! Weißt du, was die sich erlaubt hat?" „Da bin ich
aber neugierig!" „Die hat sich mit ihrem dicken Hintern auf mein Barbiehaus
gesetzt!" „Und dann hattest du Angst, daß es kaputtgeht!" „Ja, das ist ja
wohl klar, ein Barbiehaus ist nicht aus Eisen, das ist empfindlich!" „Und
wahrscheinlich spielst du am allerliebsten damit!" „Ja, und dann ist das auch
noch teuer. Meine Mutter kann mir nicht dauernd ein neues kaufen." „Ist es
denn kaputtgegangen?" „Nein, zum Glück nicht." „Da warst du bestimmt
erleichtert!" „Und wie, aber sauer war ich trotzdem auf sie – stinksauer! Ich
hab sie angebrüllt und aus dem Zimmer geworfen. Ich bin ja nicht blöd, ich
lasse mir nicht alles gefallen." „Du kannst dich ziemlich gut wehren! Als du
das vorhin mit dem Totschlagen gesagt hast, da war ich erst mal richtig
erschrocken." „Das habe ich nicht so gemeint, das habe ich nur so gesagt."
„In deiner Wut?" Nickt.
(Erfahrungsbericht der Kindertagesstätte St. Hildegard in Andernach, in
Welt des Kindes 2/94)

Vielleicht fällt Ihnen an diesem Bericht einiges auf, was Sie mit Kolleginnen
aus Ihrem Team diskutieren wollen.

Wie hätten Sie selbst auf Sabines Satz reagiert? Kennen Sie ähnliche
Äußerungen von Kindern? Wie verlaufen diese Gespräche zwischen
Ihnen und dem Kind typischerweise?

Dieser Erfahrungsbericht ist ein Beispiel, wie „aktives Zuhören" Kindern erleichtern kann, ihre aggressiven Gefühle zuzulassen, anzusehen
und dann auch wieder loszulassen.

Die Erzieherin als Partnerin hat dabei überhaupt keine bewertende
Haltung eingenommen, sondern war Sabine nur interessiert zugewandt. So
brauchte Sabine ihre Gefühle nicht zu verstecken in irgendeinen Winkel
ihres Herzens und konnte zum Schluß selbst merken, daß sie ihre Freundin nicht wirklich totschlagen wollte.

Beim „aktiven Zuhören" ist die Erzieherin wie ein Spiegel, in dem das
Kind seine Empfindungen betrachten kann. Zum Schluß teilt die Erzieherin auch noch ihre eigenen Gefühle mit – in einer Ich-Aussage, nicht verpackt als Moralregel.

Diese Art der Kommunikation fördert das Vertrauen und die positive

Beziehung zwischen Erwachsenen und Kindern und überläßt dem Kind, einen Weg aus dem Konflikt zu finden.

Die Erzieherinnen der obengenannten Tagesstätte bringen ihre Grundhaltung zu Kindern auf die Formel: „Du darfst alles fühlen – aber nicht alles tun." Die Kinder wissen, daß alle Gefühle angenommen werden, aber gewalttätigem Handeln konsequente Grenzen gesetzt werden.

Gefühle nicht verstecken

Alles, was die Kinder beschäftigt, wird angenommen und nicht weggedrängt mit Sätzen wie „Das will ich nicht gehört haben" oder „Das finden wir hier aber gar nicht schön".

Wenn das Aussprechen von positiven und negativen Gefühlen selbstverständlich wird, erleichtert das den Kindern, ihre Gefühle zu unterscheiden. Manche Kinder kennen gar keine Zwischentöne, sie empfinden nur Wut, alles ist Mist. Rollenspiele und Gespräche erleichtern ihnen, zu unterscheiden zwischen Wut, Traurigkeit, Enttäuschung und Eifersucht.

In einigen Kindergärten werden solche Themen auch im Stuhlkreis besprochen:

Die Kinder erzählen Erlebnisse: „Als ich einmal wütend war…" „Als ich traurig war…"

Die Erzieherin berichtet dabei ebenso wie die Kinder von ihren Erfahrungen. Der Stuhlkreis ermöglicht auch, Konflikte unter den Kindern zu erzählen: „Ich war wütend, als der Sven mir was weggenommen hat."

Genauso wichtig ist es jedoch, daß die Kinder lernen, sich untereinander mit ihren liebenswerten Eigenschaften zu sehen. Nach dem Motto „Eigenlob stinkt nicht" (!) erzählen sich die Kinder: „Als ich einmal ganz stolz auf mich war", „Was ich alles gut kann", „Was in meiner Familie toll ist". Sie malen vielleicht Bilder dazu oder gestalten eine Fotowand. In Gesprächen lernen die Kinder, andere differenziert wahrzunehmen. Für ein Kind mit einem schwierigen Gruppenstatus kann eine Runde „Das mag ich an dir gern" wie Balsam sein.

Alles, was Spaß macht und den Kindern wichtig ist, kann aufgegriffen werden, um Gefühle und Konflikte intensiver zu erleben.

Mit Masken, Puppen, Requisiten lassen sich Wut, Zorn, Ärger und auch Gefühle von Macht, Unbesiegbarkeit usw. spielen.

Sie sollten aber nicht nur die Kinder ausfragen, sondern selbst neugierig sein:

Wie sehe ich denn aus, wenn ich wütend bin? Woran merkt ihr das? Wie kann man mich am besten wütend machen?

Lassen Sie die Kinder mal eine Szene nachspielen oder zeichnen. Sie werden sich wundern, welche Feinheiten sie wahrnehmen und auch sehen, was sie nicht zeigen wollten!

„Immer nur nett, das ist doch unnormal!" (Daniel, 10 Jahre)

„Ich hätte ihn an die Wand klatschen können…"
„Ich könnte ihm den Hals umdrehen…"
„Die lasse ich am ausgestreckten Arm verhungern…"

Welche aggressiven Phantasien haben Sie manchmal?
Ist Ihnen dieser Teil bewußt?
Zeigen Sie ihn anderen oder verstecken Sie ihn?

Unsere Sprache ist voll von Redewendungen und Begriffen, die feindselige Anteile in zwischenmenschlichen Beziehungen beschreiben: seelische Grausamkeit, Beziehungsterror, Ehekrieg. Manchmal geht es im Alltag zu wie im Krieg: Da hat mich etwas getroffen, ich mußte mich wehren und war am Boden zerstört von Blicken, die töten können. Wie nah Gewalt, Lust und Sexualität sich manchmal sind, machen Begriffe wie Mordsspaß, Liebesqual, die Waffen einer Frau und so weiter deutlich.

Allerdings: darüber denkt kaum jemand ernsthaft nach. Erwachsenen ist dieses versteckte Aggressionsventil selbstverständlich, wenn ein Kind dagegen sagt: „Ich schieß dich tot", erschrickt man.

„Böse" Gedanken hat jeder irgendwann mal. Aggressive Phantasien können entlasten und helfen, mit Frustrationen und Kränkungen umzugehen. Der Psychoanalytiker Bruno Bettelheim sieht es als Aufgabe von Eltern und Pädagogen an, Kindern den Unterschied zwischen aggressiven Phantasien und Handlungen zu verdeutlichen. *„Indem wir die Gewaltphantasien des Kindes ächten, setzen wir uns über eine Tatsache hinweg, die sogar Platon schon erkannt hatte, daß nämlich der Unterschied zwischen einem guten und einem schlechten Menschen darin besteht, daß der erstere nur von schlechten Taten träumt, während der letztere sie ausführt."* (Bettelheim, S. 210)

Voraussetzung dafür ist, dies auch bei sich zuzulassen. Die Erzieherin könnte von eigenen Gefühlen und Gedanken berichten: „Und ich wurde so wütend, daß ich mir in Gedanken wünschte, meine Nachbarin würde wie ein Luftballon in tausend Stücke zerplatzen. Ich rief ganz laut: So ein Mist. Ist es euch auch schon mal so gegangen?" Im anschließenden Gespräch kann die Erzieherin erklären, daß jeder mal „böse" Gedanken hat, aber zum Glück ja nicht alles tut, was er sich vorstellt.

Wie Einfühlungsvermögen entsteht

Manuel, 20 Monate, zieht Anna, 18 Monate, mal wieder heftig an den Haaren. Diese schreit wie am Spieß. „Manuel, hör endlich auf damit. Das tut Anna weh. Du darfst andere Kinder nicht an den Haaren ziehen." Die Krippenerzieherin stöhnt: „Der Manuel ist der Älteste in meiner Gruppe, dem ist niemand ebenbürtig. Da muß ich dauernd eingreifen, weil er die anderen traktiert." Sie meint, irgendwann müsse Manuel das doch begreifen. Oder macht es ihm sogar Spaß, andere zu ärgern?

Manuel muß tatsächlich noch „begreifen". Einfühlungsvermögen in andere Menschen ist nicht einfach „da", sondern entwickelt sich im Laufe der ersten Lebensjahre. Fühlen, Erfahren und Erforschendürfen mit allen Sinnen entwickelt die Empfindsamkeit. Liebevolle Berührung und Körperkontakt sind Grundlagen einer reichen Gefühls- und Erlebniswelt.

Ein Kind muß jede Erfahrung erst selbst machen, bevor es davon einen Begriff bilden kann. Manuels Erfahrungsraum ist allerdings sehr begrenzt, da er immer nur zieht und nicht selbst erfährt, wie weh es tut, an den Haaren gezogen zu werden. Die Krippenerzieherin will deshalb mit ihren Kolleginnen überlegen, wie Manuel mit älteren Kindern zusammenkommen kann. Im Kleinkindalter verstehen Kinder noch keine Ursache-Wirkungs-Zusammenhänge. Für Manuel ist es deshalb faszinierend, immer wieder auszuprobieren, ob Anna wieder schreit, wenn er an ihren Haaren zieht. Spannend kann es auch für ihn sein, herauszubekommen, ob die Erzieherin jedesmal kommt, wenn er an Annas Haaren zieht. Sein Verhalten ist deshalb eher Forscherverhalten als Folter-Verhalten. Kein Grund, dies unbegrenzt zuzulassen, aber auch kein Grund, es als „böse" zu bezeichnen.

Einfühlung in andere setzt die Entwicklung der eigenen Ich-Identität voraus. Die Fähigkeit, die Perspektive anderer Personen einzunehmen, bilden die Kinder im intensiven Rollenspiel aus. Sich in andere Personen einzufühlen kann später auch durch Geschichten, Rollenspiele, Wie-geht-es-wohl-weiter-Geschichten und anderes gestärkt werden.

Wie Kinder Konflikte lösen

Jonas, 4, und Paul, 5, spielen in der Bauecke. Als Jonas das Feuerwehrauto einen Augenblick aus den Augen läßt und sich an dem Haus aus Bauklötzen zu schaffen macht, nimmt sich Paul das Auto und beginnt, die Leiter auszufahren. Einen Moment später versuchen beide, sich das Auto gegenseitig zu entreißen. Das Ganze entwickelt sich zu einer Prügelei. Als Jonas die Oberhand gewinnt, schnappt er sich das Auto und geht zur

Erzieherin: „Der Paul hat mir das Auto weggenommen!" Die Erzieherin meint: „Und was hast du getan? Ich hab das wohl gesehen, so ganz unschuldig bist du auch nicht an eurer Prügelei." Jonas: „Der hat mich gehauen." Die Erzieherin antwortet: „Und dann haut man doch nicht gleich zurück. Da kann man doch drüber reden." Jonas zieht ab und stellt Paul das Auto vor die Füße: „Hier haste dein blödes Auto!" Dann geht er an den Tisch und holt sich ein Buch.

Kinder sehen und erleben ihre Umwelt nicht auf die gleiche Art und Weise wie Erwachsene. Sie planen noch nicht zielgerichtet, sondern reagieren auf Reize (Feuerwehrauto) und eigene Empfindungen (Wunsch, damit zu spielen). Erst durch Erfahrung lernen sie die Folgen ihrer Handlungen abzuschätzen. Wer Kinder wie kleine Erwachsene sieht, folgert leicht, sie würden bestimmte Dinge aus böser Absicht tun, und reagiert dann so: „Das hättest du dir aber vorher überlegen müssen!" „Wenn der dich haut, ist das noch lange kein Grund zurückzuhauen!"

Wir tun Kindern Unrecht, wenn wir ihr Streit- und Konfliktlösungsverhalten aus dem Blickwinkel von Erwachsenen betrachten.

Renate Valtin unterscheidet drei Stufen der Konfliktbewältigung. Sie geht davon aus, daß Kinder erst in einem Alter ab etwa acht Jahren Fähigkeiten zur kooperativen Konfliktlösung entwickeln und Kompromisse aushandeln lernen. Für fünf- bis achtjährige Kinder sind die Stufen 0 und 1 typisch. In welchem Alter die Kinder von einer Stufe zur nächsten gelangen, ist individuell sehr verschieden. Wichtig ist, daß jede Stufe ihre Berechtigung hat und ein altersspezifisches Erleben und Weltverständnis ausdrückt.

Niveau 0: Körperliche Konfliktlösungen

Kinder dieser Stufe können den Unterschied zwischen innerpsychischen Erfahrungen und konkreten, äußerlich beobachtbaren Verhaltensweisen nicht bewußt wahrnehmen. Ein großer Teil der Fünfjährigen kann die Frage „Welche Ursache hat euer Streit gehabt?" nicht beantworten, weil sie die Motive von Handlungen noch nicht erkennen können. Ihrem egozentrischen Weltbild entspricht, daß als Streitauslöser das Verhalten des Spielpartners angenommen wird, das eigene Verhalten wird nicht hinterfragt. („Der wollte mir das nicht geben!")

Die Vorschläge zur Lösung von Konflikten sind äußerlich: Weggehen von der Quelle des Konflikts (nach dem Motto: aus den Augen, aus dem Sinn) oder körperliche Gewalt.

„Und was macht ihr, damit der Streit aufhört? Max, 6: Dann vertragen wir uns. Wie denn? Max: Das weiß ich eigentlich gar nicht! Und dann spielt ihr wieder? Max: Und dann hauen wir uns wieder am nächsten Tag und übermorgen." (Valtin 1991, S. 108)

„Was tut ihr, damit der Streit wieder aufhört? Björn: Einmal hauen, und dann ist der Streit wieder weg." (a. a. O., S. 109)

Niveau 1: Einseitige Konfliktlösung

Die Kinder können zwischen den Handlungen und den dahinterstehenden Absichten und Gefühlen des anderen unterscheiden und den Blickwinkel des anderen berücksichtigen. Allerdings gelingt es den Kindern jeweils nur, eine Person bzw. einen Blickwinkel bewußt wahrzunehmen. Konflikte entstehen nach Auffassung dieser Kinder dann, wenn die Handlung eines Beteiligten den Unmut des anderen verursacht. Die Ursache des Konflikts wird nur bei einem einzelnen gesehen. „Der fängt immer an…"

Konfliktlösungsmöglichkeiten sehen die Kinder darin, ihre Handlung zurückzunehmen oder in irgendeiner Weise ungeschehen zu machen bzw. denjenigen, der sich geärgert hat, durch bestimmte Gesten, wie Geschenke, wieder zu versöhnen. „Willst du wieder mein Freund sein?"

Niveau 2: Kooperative Konfliktlösung

Auf dieser Stufe ist das Kind zu selbstreflexivem Denken fähig und erkennt, daß auch der andere über diese Fähigkeiten verfügt. Es kann nun gleichzeitig die Perspektive des anderen mitberücksichtigen und erkennen, daß an einem Konflikt zwischen Freunden beide beteiligt sind und daß auch beide an einer Lösung mitwirken müssen.

„Hans-Jürgen, 12: ‚Da gibt er oder ich, da geben wir dann nach, und: Na, vielleicht hast du recht gehabt oder so was.'" (a. a. O., S. 197)

„Michael, 12: ‚Daß sie einen Mittelweg finden. Zum Beispiel, wenn einer sagt: Nein, wir tun es nicht! Der andere sagt: Wir tun es doch! daß sie sagen: Okay, wir tun's eben morgen.'" (a. a. O., S. 119)

Regeln und Rituale sind Aggressionsbremsen

Die meisten Menschen bauen im Laufe der Kindheit und Jugend eine innere „Aggressionsbremse" auf, die sie davon abhält, andere anzugreifen.

Gebremst werden aggressive Handlungen z. B. durch
– moralische Grundsätze und Wertvorstellungen
– das Akzeptieren bestimmter Regeln für ein soziales Miteinander
– Einfühlungsvermögen in andere Personen
– „mildere", sozial akzeptierte Formen der Aggressionsabfuhr

Woher wußten Sie, wann Schluß ist?

Denken Sie an eine Situation aus Ihrer Kindheit, in der Sie gerauft
oder gestritten haben. Woher wußten Sie, wann Schluß ist? Nehmen
Sie sich die Zeit, um sich zurückzuerinnern.

- Ich wurde bestraft.
- Ich hatte Angst vor den Konsequenzen.
- Ältere oder Stärkere gingen dazwischen.
- Meine Eltern gingen dazwischen.
- Ich wurde vor allen Leuten zurechtgewiesen und schämte mich.
- Meine Eltern hielten mir eine Gardinenpredigt über gutes Benehmen.
- Meine Eltern sagten mir, daß sie mich nicht lieb haben, wenn ich so etwas tue.
- ....
- ....

Wie bewerten Sie diese Erziehungsmittel heute?
Welche wenden Sie selbst an?

Viele Erwachsene empfinden bei dem Gedanken an die Erziehung, die sie „am eigenen Leib" erfahren haben, Schmerz, Traurigkeit, Scham und möchten es auf jeden Fall anders machen. Manche wünschen sich, selbst weniger gehemmt zu sein und möchten darum Kindern einen möglichst großen Freiraum lassen. Dies macht sie verhaltensunsicher. Die Diskussion um fehlende Hemmschwellen ist deshalb auch eine Frage an die eigenen Werte.

Wenn Schmerz und Angstmachen ausscheiden, müssen sich Erwachsene fragen, welche gewaltlosen Möglichkeiten es gibt, Kindern eine klare Orientierung zu geben und Grenzen zu setzen.

Selbsterforschung ist wichtig
„Mein Ziel war lange, die Kinder so wenig wie möglich einzuschränken. Ich habe dann aber gemerkt, sie wollten, daß ich ihnen Grenzen aufzeige. Auch ein Nein befriedigt den Wunsch nach Zuwendung und Kontakt. Ich gestehe mir jetzt zu, auch etwas von den Kindern zu fordern, denn das heißt auch, daß ich sie ernst nehme, wenn ich etwas will."

Der Aufbau von eigenen Hemmungen wird erleichtert:
– Durch Zulassen von Raufereien in angemessenem Rahmen. Zu strenge Forderungen können zu Kontrollverlust führen. Wenn jede Form von körperlicher Auseinandersetzung als „böse" verboten wird, gerät das Kind in einen Spannungszustand. Es versucht sich zusammenzureißen, aber in einem bestimmten Augenblick „brennt die Sicherung durch".
– Durch vielfältige Bewegungserfahrungen. Fehlende Körpererfahrung führt zu Empfindungslosigkeit und Wahrnehmungsstörungen.
– Durch klare Grenzen.
– Durch die Stärkung von Zusammengehörigkeit in der Gruppe. Freunde will man nicht „vernichten". Gewalttätigen enthemmten Aktionen geht immer die Abwertung der anderen als „Schweine", „Scheiß-Türken" usw. voraus.

Manchen Kindern fällt es schwer, eine kleine Rempelei oder ein unabsichtliches Schubsen zu akzeptieren. Dahinter muß sich kein emotionales Defizit verbergen. Manchmal kennen Kinder auch einfach keine anderen Verhaltensweisen. Die goldene Regel „rede darüber" reicht aber nicht aus. Die Erzieherin muß den Kindern Unterschiede be-greiflich machen.

Die Kinder sitzen im Kreis. Die Erzieherin fragt: „Was tut ihr, wenn euch einer schubst?" „Zurückschubsen", „Hauen", „Ich sage, du spinnst wohl", erzählen die Kinder. Die Erzieherin fragt: „Gibt's denn da Unterschiede zwischen ein bißchen schubsen und ganz doll schubsen?" Sie läßt es sich von den Kindern zeigen, die sie vom Stuhl schubsen dürfen. Die Kinder überlegen mit der Erzieherin, daß man bei kleinen Sachen etwas anderes macht als bei großen. Man könnte vor Schreck schreien, man könnte sich dafür ein Schimpfwort wie „Du Rempelbempel" ausdenken. Dies alles wird gleich ausprobiert. Die Erzieherin zeigt den Kindern auch – erklärt es nicht nur – Möglichkeiten, kleine Angriffe abzuwehren. Ein Kind darf sie hauen oder boxen, sie hält den Arm fest, sagt oder schreit „laß das" und geht weg.

Was ist bei größeren Kämpfen? „Was sollte auf jeden Fall verboten werden, wenn zwei kämpfen?" Die Kinder legen Regeln fest, z. B. nicht auf den Kopf hauen oder in den Genitalbereich. Diese werden aufgeschrieben oder gemalt. „Wie merkt einer, daß der andere aufhören will?" Die Kinder überlegen konkrete Signale. Ältere Kinder können selbst überlegen: Was möchten wir, wann darf die Erzieherin eingreifen?

Solche Regeln und Rituale stärken die Verantwortung der Kinder, meist erinnern sie sich gegenseitig daran. Die Kinder müssen sich daran gewöhnen, die Erzieherin kann einen Probe-Zeitraum vorschlagen, danach können die Regeln verändert werden. Wenn alle sich daran gehalten haben, feiert die Gruppe das mit einer besonderen Aktivität.

Spiele und Rituale gegen Wut im Bauch

Spiele sind keine „Beruhigungspille", wenn schon ein dicker Streit im Gang ist und Tränen fließen. Die Kinder brauchen neben „kooperativen Spielen" auch Spiele, in denen erlaubte Aggressionen ausgelebt werden können, ohne anderen weh zu tun. Sehr viele Ideen dazu findet man in Spiele-Büchern. (Siehe z. B. Sommerfeld 1992)

In vielen Gruppen und Schulklassen haben sich Rituale zur körperlichen Aggressionsabfuhr bewährt. Für die Kinder wird so symbolisch ein Rahmen geschaffen, um loszulassen – und für Erzieherinnen und Lehrer auch!? Rituale sind keine Lösung für komplexe Konflikte, aber eine hilfreiche Möglichkeit für die Kinder, um mit dem Alltagsfrust und kleinem Ärger konstruktiver umzugehen.

Legen Sie z. B. folgende Materialien bereit:
- Ärger-Sack. Ein großer Sack mit weichem Material, den man treten und boxen kann
- Ärger-Trommel und andere Musikinstrumente
- Matratzen-Ecke zum Springen

Für mehrere oder die ganze Gruppe hat sich folgendes Ritual bewährt:
- Ärger kaputttrampeln:
Die Kinder stellen sich im Kreis auf und denken an etwas, was sie heute geärgert hat. Sie spüren nach, ob sich dieser Ärger versteckt hat, wo zwickt und zwackt das, da fassen sie hin. Dann holen sie ganz tief Atem und pusten den Ärger aus ihrem Körper heraus. Nun liegt ein riesengroßer Ärgerberg in der Mitte, und alle Kinder trampeln auf dem Ärger-Berg herum, bis er weggetrampelt ist.
- Spiele wie Kissenschlacht, gerade wenn die Gruppe unruhig ist.
- Ich erzähle meinen Ärger jemandem! Eine Erzieherin ist nicht immer in der Nähe, vielleicht braucht das Kind ja auch sein Geheimnis. Es könnte seinen Ärger aber einer „Ärger-Puppe" erzählen, die an einem bestimmten Platz steht.
Vielleicht besucht die Ärger-Puppe die Kinder auch mal und erzählt im Stuhlkreis, was sie so alles in der vergangenen Woche gesehen hat.
- Andere Puppen – z. B. ein „Wüterich" könnte im Stuhlkreis oder der Ärger-Ecke den Kindern erzählen, was ihn alles wütend macht und was er dann tut.
- Die Kinder können sich selbst Masken – Wut, Angst, Neid und zu anderen Gefühlen – gestalten und in ihre Rollenspiele einbeziehen
- Viele Kinder identifizieren sich mit starken oder wilden Tieren (Löwe, Tiger, Krokodil – aus dem Kaspertheater), die ihre aggressiven Seiten darstellen. Dazu können Verkleidungs- und Rollenspielmaterial angeboten werden.

Soll ich eingreifen?

Daniela und Nicole spielen in der Puppenecke. Peter hat sich ein Papierflugzeug gebastelt und bewegt sich damit durch den Raum. Bei einer seiner Runden steuert er auf die Puppenecke zu und stößt zwischen die beiden Mädchen. „Brmmm, brmm, Tiefflug", schreit er. Die Mädchen rufen: „Geh weg, du blödes Flugzeug." Peter kehrt jedoch mehrfach zurück und wiederholt seinen Angriff. Die Mädchen beginnen, nach dem Flugzeug zu schlagen. Der Erzieherin reißt irgendwann der Geduldsfaden. Sie ruft: „Peter, hör endlich auf, die beiden zu stören. Sonst mußt du hier bei mir bleiben." Peter zieht sich zurück. Nach einiger Zeit nähert er sich einen anderen Kindergruppe, die in der Bauecke spielt.

Bestimmt haben Sie auch schon bemerkt, daß Sie selbst, Kolleginnen oder auch Eltern unterschiedlich schnell eingreifen, wenn Kinder Konflikte austragen. Während bei einem der Geduldsfaden unendlich lang ist, leuchten beim anderen die Warnlampen sofort auf.

Dabei spielt zum Beispiel eine Rolle:
- Wie bin ich selbst gerade gestimmt? Will ich eingreifen, weil es mich stört und nicht um der Kinder willen, kann ich dies zum Ausdruck bringen: „Das ist mir jetzt zu laut, ich kann das nicht aushalten.“
- Denke ich das Spiel innerlich zu Ende und phantasiere einen Streit? „Peter wird es bestimmt auf die Spitze treiben, ich kenne ihn.“
- Beeinflussen mich andere anwesende Erwachsene? „Da kommt Danielas Mutter, da will ich kein Chaos haben.“
- Sorge ich mich um ein Kind? „Es geht schon wieder gegen Patricia, die wehrt sich einfach nicht.“

Die Beispiele zeigen, wie das Bedürfnis zum Eingreifen nicht aus dem Spiel, sondern dem eigenen Erleben entsteht. Wenn dies nicht deutlich wird, empfinden die Kinder es als ungerecht.

Beobachten Sie ihre Reaktionen auf einzelne Kinder. Können Sie bemerken, daß Sie bei einigen in Alarmstellung sind und schneller das Bedürfnis haben zu steuern, während Sie anderen mehr Vertrauen entgegenbringen?

Wenig wirksames Eingreifen

Appelle: „Nun vertragt euch doch!“
Ironische Bemerkungen „Wenn du noch schneller wirst, schlaf ich ein…“
Bloßstellen: „Du schon wieder!“
Schimpfen: „Wie oft hab ich euch das schon gesagt!“
Konsequenzen ankündigen ohne Folgen:
„Wenn das nicht gleich aufhört…“
Moralisieren: „Wenn du schlägst, mag ich dich gar nicht.“
Gegenfrage: „Und was hast du getan?“
Versteckte Billigung: „Du tust mir gar nicht leid, da siehst du mal, wie weh das tut, wenn du haust.“
Verhöre: „Warum tust du das?“, „Willst du mir mal sagen, was das soll?“

Diese Maßnahmen können aggressives oder störendes Verhalten zwar kurzzeitig unterbrechen. Sie haben aber große Nachteile:
- Kinder spüren die versteckte Aggression der Erzieherin.
- Auch negative Zuwendung verstärkt Verhalten.
- Das Erzieherinnenverhalten kann Angst und Ärger auslösen (sie mag mich nicht)
- Es reizt dazu auszuprobieren, ob die Erzieherin ihre Drohung wahr macht.

Damit wird der Teufelskreis Aggression-Gegenaggression in Schwung gehalten.

Hilfreiche Verhaltensweisen

Ich-Aussagen machen deutlich, wie die Erzieherin empfindet z. B.: „Ich kann diesen Lärm nicht aushalten." „Ich bin enttäuscht" „Ich fühle mich hintergangen."

Nur das störende Verhalten benennen, keine verallgemeinernden Aussagen über die Kinder: „Ich mag nicht, wenn du boxt" statt „Mußt du denn immer so aggressiv sein?"

Positiv deutlich machen, was ich möchte: „Wenn ihr schreien müßt, geht auf den Flur."

In einer angespannten Situation keine langen Begründungen. Gespräche erst, wenn die Erregung abgeklungen ist.

Gefühle der Kinder verbalisieren („Es macht Spaß, so laut zu schreien, wie man kann, aber hier drin ist mir das zuviel").

Wenige, aber klare Regeln, die konsequent durchgeführt werden.

Lösungen innerhalb des Spiels vorschlagen und so Parteiergreifen vermeiden: „Daniela und Nicole, ist nicht neben eurem Haus ein Flugplatz, wo Peters Flugzeug landen kann?"

Wenn notwendig, eine klare Grenze setzen („Ich möchte jetzt, daß du dort nicht mehr hingehst"), ohne Vorwürfe zu machen.

Schlimme Wörter

Jeden Mittag erlebt Frau S., Erzieherin in einer Vorschulgruppe, das gleiche Ritual. „Sobald wir uns zum Essen gesetzt haben, ruft Micki, 6, in die Runde: ‚Wer hat Kacke auf dem Teller?' Alle Kinder lachen. Und so geht das dann zigmal weiter." Frau S. versucht dagegenzuhalten, „aber das perlt einfach ab an Micki. Ich gehe schon manchmal vor dem Essen zu Micki und sage zu ihm: Na, heute läßt du es aber mal bleiben, nicht wahr? Dann schaut er mich treuherzig an, und ich denke, ich habe es geschafft. Aber mittags geht es wieder los."

Wir betrachten die Szene einmal aus Mickis Position. Was kann es wohl Schöneres geben: Ich sage ein „Zauberwort" und alle lachen! Die Erzieherin bittet und bettelt, ich soll das Zauberwort nicht mehr sagen. Und was verboten ist…

Der ungeheure Reiz der schlimmen Wörter liegt gerade darin, daß man als Kind Erwachsene damit herausfordern, ärgern und verunsichern kann. Noch besser, wenn es dabei Zuschauer gibt.

Wie unwichtig die eigentliche Bedeutung des Wortes ist, zeigt ein Experiment von Lernpsychologen in einem Kindergarten. In einem „Theaterspiel" lernten die Kinder die Worte „alpha", „beta", „gamma" als verbale Aggressionen kennen („Du bist ein böser Alpha, ich will mit dir nichts zu tun haben"). Danach „benutzten die Kinder mit großem Spaß die neu erlernten, vorher nie gezeigten Aggressionsformen: Sie schrien sich mit alpha, beta und gamma an…" (Lischke, zitiert bei Nolting, S. 85)

Wie können Erzieherinnen diesen Machtkampf beenden?

Dafür gibt es kein Patentrezept. Manchmal kann es sinnvoll sein, Schimpfwörter einfach zu überhören. Wenn zum Beispiel Kinder in einer Ecke spielen und lachen und dabei auch Wörter wie „Arschgeige" fallen, würde eine Moralpredigt die Kinder gerade darauf aufmerksam machen, daß man damit Erwachsene ärgern kann.

Eine an sie selbst gerichtete Provokation sollte die Erzieherin aber nicht überhören. Micki spielt das Spiel „Ich habe Macht über die Erzieherin", und wenn sie mich bitten muß aufzuhören, habe ich gewonnen. Die Erzieherin könnte mitspielen, aber eigene Regeln setzen. Manchmal nimmt die ausdrückliche Erlaubnis zur Provokation der ganzen Sache den Reiz. Etwa, wenn Frau S. in die Runde guckt und sagt: „Micki, vergiß nicht, heute mittag deinen Kackwurst-Spruch aufzusagen." Oder es dürfen jeden Mittag fünf Minuten schlimme Wörter gesagt werden, und erst nach diesem Ritual wird gegessen.

Eine Garantie, daß damit irgendwann der Reiz des Erlaubten sich abnutzt, gibt es natürlich nicht. Wenn es gelingt, aus dem Machtkampf ein Theater-Spiel zu machen, besteht zumindest die Möglichkeit, daß das Spiel irgendwann langweilig wird.

Unter anderem zu diesem Thema hat der Familienberater Jan-Uwe Rogge viele anschauliche Beispiele gesammelt (Rogge 1996).

Kein Spiel ist es, wenn eine Erzieherin sich persönlich angegriffen und gekränkt fühlt. Schulkinder, die „du Nutte" sagen, probieren nicht einfach neue Wörter aus, sondern suchen die Auseinandersetzung. „Ich bin stinksauer, wenn du so etwas sagst, ich bin keine Nutte und will das von dir nicht mehr hören!" ist eine deutliche Grenzziehung. Wenn dem Kind an der Beziehung zur Erzieherin etwas liegt, wird es diese Reaktion mehr beachten als allgemeine Benimm-Regeln. Die Erzieherin ist also als Mensch gefragt und nicht als Tugendwächterin. Besonders ältere Jungen provozieren Erzieherinnen und Mädchen gerne mit „Ausdrücken". Belehrungen werden mit einem Grinsen zur Kenntnis genommen, daß „man so was nicht sagt", wußte der Junge auch schon vorher, und „Woher hast du das" wird er bestimmt nicht beantworten. Seine Kumpel werden das leicht angesäuerte Gesicht der Erzieherin mit Genugtuung sehen. Bei Grenzüberschreitungen dieser Art in Richtung der Erzieherin suchen Jungen unbewußt eine Auseinandersetzung mit der Frau. Kann man die ernst nehmen? Nimmt sie mich (schon) ernst? Spüren Sie in solchen Momenten bei sich nach: fühlen Sie sich persönlich angegriffen und beleidigt? Dann „verdienen" es die Jungen, daß Sie ihnen Ihre Wut zeigen und Ihnen geht es hinterher hoffentlich auch besser. Beobachten Sie in der nächsten Zeit in ihrer Gruppe: *Welchen Sinn hat die Verwendung von Schimpfwörtern? Können sich Kinder darüber Anerkennung holen und einen Gruppenstatus gewinnen? Gibt es wiederkehrende Rituale, die Sie eventuell spielerisch aufgreifen können? Geht es darum, Grenzen bei Ihnen auszutesten?*

Schulkinder und Gewalt

Lehrerinnen und Lehrer klagen über zunehmende Gewalt an den Schulen. Erzieherinnen, die Schulkinder betreuen, finden diese Altersgruppe besonders aggressiv. Und auch die Kinder berichten über Gewalt auf dem Schulhof und Schulweg, vor der sie Angst haben. Es gibt also auf jeder Seite einen „Leidensdruck".

Es sind aber nicht „die" Schulkinder, sondern vor allem Jungen und besonders leistungsschwache Schüler und Schulversager, die aggressiv auffallen. Körperliche Aggressionen gehen nach Angaben von Petermann und Petermann (1994) nach dem 11. Lebensjahr zugunsten verbaler Aggressionen zurück, bis auf eine kleine Gruppe.

Auch hier ist wieder eine unterschiedliche Wahrnehmung vorhanden: Lehrerinnen schätzen das Ausmaß der Gewalt höher ein als Lehrer, und Lehrkräfte insgesamt nehmen mehr Gewalt wahr als Schüler (Heidrun Bründel, Produziert die Schule Gewalt?, in: Anti-Gewalt-Report, S. 44). In erster Linie wird von Lehrkräften die „Verrohung des Umgangstons" als Gewalt erlebt (ebd.).

In der Schule sind die bereits genannten gesellschaftlichen Veränderungen genauso spürbar wie in Kindertagesstätten. Andererseits produzieren Schulen auch teilweise, was sie beklagen, durch veraltete Strukturen und Konzepte. Dies ist weniger ein Versagen der Lehrkräfte, die teilweise mit großen Einfallsreichtum und auch Engagement auf die Kinder einzugehen versuchen. Die Rahmenbedingungen sind jedoch so ungünstig, daß man alleine wie gegen Windmühlen dagegen kämpft.

Schule erzeugt durch Vereinzelung, Wettbewerb, Leistungs- und Notendruck, ihre Lehrmethoden und viele andere Faktoren Streß, Langeweile und Frustration. Die Auswirkungen „schwappen" in den Hort hinein, insbesondere bei leistungsschwachen Schülern.

Wenn Lehrer und Erzieherinnen nur „das" – einzelne – aggressive

Schulkind im Blick haben, sind die Handlungsmöglichkeiten meist gering. Zu groß scheint die Aufgabe, sich intensiv um einzelne Kinder zu kümmern, so daß eher zu Strafen und anderen Schadensbegrenzungen gegriffen wird.

In pädagogischen Einrichtungen wirkt sich der gesamte Lebensraum als aggressionsfördernd oder -vermindernd aus. **Merkmale von Schulen mit wenig Gewaltproblemen** sind insbesondere:

- Engagierte Lehrer mit Freude an ihrem Beruf
- Ein positives Schulklima, das sich auch durch Veranstaltungen, Feste und andere Aktivitäten zeigt und eine Identifikation mit der Schule ermöglicht
- Kooperative Lernformen
- Aktivitäten zur Förderung des Gemeinschaftsgefühls
- Feste Grenzen und Regeln für nichtakzeptables Verhalten der Kinder und Konsequenz bei Regelverletzungen
- Spiel- und Freizeitangebote in der Schule, attraktive Pausenhöfe
- Ansprechen sozialer und emotionaler Bedürfnisse der Schüler, z. B. Halten und Versorgen von Tieren
- Kinder haben die Möglichkeit, sich auch Anerkennung über einen Freizeitbereich zu holen.

(Vgl. dazu Nolting, Materialien des Berliner Instituts für Lehrerfortbildung)

„Schulfrust" lösen ein anstrengender Schulvormittag in großen Klassen, Beurteilungen der Lehrkräfte, schlechte Noten oder sonstige Versagenserlebnisse aus. Die Kinder kommen bereits „geladen" in den Hort, sind reizbar und nervös. In vielen Einrichtungen finden ältere Schulkinder keine altersgemäßen interessanten Beschäftigungen, langweilen sich, „hängen" herum. Die Schulpflicht wird teilweise durch eine Hortpflicht fortgesetzt, da die Kinder auf Drängen der Eltern noch im Hort angemeldet sind und die Einrichtung in der Regel nicht verlassen dürfen.

Für Schulkinder werden mit zunehmendem Alter Gleichaltrige der eigentliche Bezugspunkt. Die Übereinstimmung mit ihnen, die Anerkennung und Gemeinsamkeit ist ihnen sehr wichtig (Peer-group-Verhalten), so daß der Einfluß der Erzieherinnen eher zurückgeht. Im Gegenteil kann es sogar wichtig sein, sich möglichst von ihnen abzugrenzen und „cool" zu sein, um von den anderen anerkannt zu werden, insbesondere als Junge von einer Frau. Für die Jungen ist die Demonstration körperlicher Stärke ein Weg, sich Akzeptanz zu holen. Konsum ist für die Kinder eine wichtige Möglichkeit, Anerkennung zu erhalten, sich über bestimmte Marken zugehörig zu fühlen und gleichzeitig eine Quelle von Frustration.

Spannung zwischen Erzieherinnen und Kindern erzeugt auch das Verhältnis von Nähe und Distanz. Einerseits wollen die Kinder noch (körperliche) Nähe und möchten, daß die Erzieherin sich ihnen veständnisvoll zuwendet, um vielleicht auch Sorgen und Probleme mit Schule, Geschwistern und Eltern anzuhören. Andererseits sind sie ja schon „die Großen" und möchten vor ihren Altersgenossen nicht als Babys, sondern „cool" und fast erwachsen dastehen. Gerade Jungen, die unter diesem Druck noch stärker stehen, wählen dann den Ausweg, über Streit und Provokationen Aufmerksamkeit und Nähe zu suchen.

Für die Arbeit im Hort ist wichtig, auf die Situation und Bedürfnisse dieser Altersgruppe abgestimmte Rahmenbedingungen zu schaffen.

Wichtige Fragestellungen für Horterzieherinnen sind dabei zum Beispiel:

- Welche Möglichkeiten haben die Kinder, Spannungen körperlich auszuagieren in speziell dafür geeigneten Räumen und mit bewegungsintensiven Spielen und Sportangeboten?
- Gibt es Inseln und Ecken für Ruhe, Entspannung und Rückzugsmöglichkeiten?
- Sind die Freizeitangebote altersangemessen, werden die Wünsche der Kinder nach Computer, Video, Musik und Technik-Angeboten berücksichtigt?
- Dürfen ältere Kinder nach Absprache den Hort zeitweise verlassen, dürfen Freunde mitgebracht werden?
- Welche Möglichkeiten haben die Kinder, ihre geschlechtliche und kulturelle Identität zu erleben und zu entwickeln? Werden dabei Rollenvorbilder der Jungen und Mädchen gleich wertgeschätzt?
- Werden Formen der Jugendkultur (etwa Mode, Musikrichtungen, Comics, Fernsehserien und Medienhelden) positiv aufgenommen, nur geduldet oder eher abgewertet?
- Wie können sich Schulkinder beweisen, selbständig etwas leisten?
- Wie erleben sie ihre Zugehörigkeit zu den Gleichaltrigen?
- Welche Erfolgserlebnisse haben sie?
- Wie werden ihre Bedürfnisse nach Abenteuer und Mutproben aufgegriffen?

Auf der Hortkonferenz werden Konflikte gelöst

„Unsere Hortkonferenz findet jeden Freitag, an dem wir auch keine Hausaufgaben und Kleingruppen haben, nach dem Mittagessen statt. Der Gruppensprecher eröffnet die ‚Sitzung' und sammelt die Punkte, die besprochen werden sollen. Die Zeit ist auf 15 Minuten begrenzt und kann auf ‚Antrag' verlängert werden. Die Sitzordnung ist so, daß jeder jeden

sehen kann. Im Gruppenraum befindet sich eine Tafel unter folgenden Abteilungen:
Ich finde gut…
Ich finde nicht gut…
Ich wünsche mir…
    Die Kinder haben die Möglichkeit, an diese Tafel ihre Zettel zu hängen, die sie auch unterschreiben müssen. Diese Zettel werden in der Hortkonferenz vom Unterzeichner vorgelesen und diskutiert. Hier haben die Kinder und Erzieher die Chance, einen demokratischen Umgang miteinander zu lernen, Ärgerpunkte anzusprechen und Regeln zu hinterfragen." (Sattler, S. 79)

Eine Gemeinschaft, die sich eigene Regeln und Normen setzt und sich für deren Einhaltung verantwortlich fühlt, hat eine große Integrationswirkung. Gemeinsam können Kinder beispielsweise beschließen:
– Wieviel Kinder auf einmal dürfen in den Tobe-Raum?
– Wie lange dürfen Kinder am Computer spielen?
– Wie wird mit mitgebrachten Spielen und Sachen umgegangen?
– Was ist, wenn persönliche Dinge kaputtgehen, die andere benutzt haben? usw.
    Die Entscheidungen werden aufgeschrieben und aufgehängt. Und man kann überlegen, was zu tun ist, wenn Regeln nicht eingehalten werden.

Aggressive Jungen – friedfertige Mädchen?

Verhalten nachzuahmen und dabei zu lernen, ist eine wunderbare Fähigkeit. Weshalb wird es zum Problem? Die meisten Erzieherinnen und Erzieher beklagen das geschlechtsstereotype Verhalten der Kinder. Prinzessinnen und Zorros im Fasching, und auch sonst nerven viele Jungen durch ihr „Macker-Verhalten", während die Mädchen die Puppen bemuttern. Allerdings ist auch die Puppenecke keine Friedensinsel. „Du bist nicht mehr meine Freundin, wenn du nicht den Vater spielst, mag ich dich nicht mehr", tönt es daher.
    Wie schön wäre es, wenn sich auch die Kinder zu eigen machen könnten, was uns Erwachsenen schon längst gelungen ist, die Geschlechtsstereotype endlich über Bord zu werfen! (?) Nun ja, auch wenn es zugegebenermaßen noch nicht so ist, sollten wir doch zumindest bei den Kindern anfangen, etwas zu ändern. Es gibt nur eine Schwierigkeit: Kinder können nur das nachahmen, was real vorhanden ist, und nicht, was idealerweise sein sollte. Ihr Spielverhalten und ihre Streitkultur zeigen, daß traditionelle Rollen wohl noch sehr verbreitet sind.

Arbeitsblatt

Welche aggressiven Verhaltensweisen
erleben Sie in der Kindergruppe bei Jungen,
bei Mädchen?

jungentypisch   mädchentypisch

....
....
....
....
....
....
....
....
....
....

Diskutieren Sie die Ergebnisse z. B. unter folgenden Fragestellungen:
*Welche dieser Verhaltensweisen können die Kinder an erwachsenen
Vorbildern (Familie, Erzieherinnen) beobachten?*
*Welche Vorbilder erleben die Jungen und Mädchen in der Werbung, im
Fernsehen, Illustrierten, in Büchern, Filmen und Kassetten?*
*Sind für Sie die aggressiven Äußerungen von Jungen oder Mädchen
störender? Welche können Sie besonders schlecht aushalten?*
*Unterscheidet sich aggressives Verhalten von Mädchen und Jungen in
der Häufigkeit und Stärke?*

Um in den ersten Lebensjahren eine eigene geschlechtliche Identität aufzubauen, müssen Jungen und Mädchen sich mit dem gleichgeschlechtlichen Elternteil identifizieren. Für Jungen sind die Möglichkeiten geringer, mit ihrem Vater zusammenzusein, ihm zuzuschauen, wie er streitet, sich versöhnt, sich durchsetzt, nachgibt, hilft oder versorgt. Viele Väter glänzen durch Abwesenheit. Und auch in Kindergarten, Schule und Hort finden Jungen kaum männliche Vorbilder. Um so stärkere Bedeutung bekommen die Helden und Supermänner aus den Medien als Phantasieväter.

Aggressives Verhalten von Jungen ist in der Regel körperbetonter, nach außen gerichtet und direkt. Mädchen sind sprachlich weiter entwickelt. Wenn sie sich streiten, geht es oft um Konkurrenz, Zuneigung und Ablehnung untereinander. Nicht selten wehrt sich die Unterlegene auch gar nicht, sondern leidet stumm. Natürlich können solche groben Unterscheidungen das individuelle Verhalten des einzelnen Kindes nicht wiedergeben, in jeder Gruppe gibt es auch Gegenbeispiele.

Ein jungentypisches Verhalten – in Banden Mutproben zu bestehen – beschreibt der Schriftsteller Leopold von Wiese aus einem Internat, das er mit elf Jahren besuchte.

„In fatalster Erinnerung ist mir das Frühjahr 1888 auch deshalb, weil es in jenem Teile von Schlesien eine große Maikäferplage brachte. Dieser lustige Schädling verwandelte sich in Wahlstatt, wie das des Ortes so Brauch war, aus einem amüsanten Spielzeug in ein Marterwerkzeug mit zahlreichen Verwendungsmöglichkeiten. Nicht nur, daß einem die krabbelnden Käfer in jeden nur möglichen Körperteil gesteckt wurden; unangenehmer war der Maikäfer als Nahrungsmittel. Es stellte sich bald heraus, daß Jungen, die gezwungen wurden, Maikäfer mit allen Eingeweiden aufzuessen, komische Grimassen schnitten, besonders wenn die braunen Tiere vorher in Tinte getaucht worden waren und dadurch eine phantastische unnatürliche Färbung angenommen hatten. Auch gelang zuweilen in der Arbeitsstunde ein Experiment, das nicht ohne wissenschaftliches Interesse war: Der Käfer wurde an einen Faden gebunden und von der Versuchsperson lebendig verschluckt. Es wurde danach intensiv an dem Faden gezogen. Die Aufgabe bestand darin, festzustellen, ob das Tier lebendig oder tot wieder zum Vorschein kam."
(Wiese, S. 64)

Gewalttätiges und aggressives Verhalten fällt in erster Linie bei den Jungen auf, deshalb ist in diesem Kapitel auch mehr von Jungen die Rede. Die Aggressionen von Mädchen werden von Erzieherinnen als eher indirekt und verbal beschrieben und scheinen insgesamt irgendwie handhabbar zu sein. Jungen werden im Unterschied dazu häufig so auffällig, daß sie Sondereinrichtungen und Beratungsstellen besuchen müssen. Etwa zwei Drittel der in Erziehungsberatungsstellen und beim Schulpsychologischen Dienst vorgestellten Kinder und 79 % der Schüler von Sonderschulen für Verhaltensauffällige sind Jungen. Bei den polizeilich erfaßten Straftaten von Kindern ist das Verhältnis 5,3 (Jungen) : 1 (Mädchen) (vgl. Schnack/ Neutzling, 1994). Diese Unterschiede hängen zusammen mit einer unterschiedlichen Verarbeitung von Angstgefühlen. Da ein „echter Mann" in unserer Kultur keine Angst haben darf, wehren die Jungen ihre Ängste nach außen hin ab, suchen sich Sündenböcke und versuchen, andere klein zu machen, um ihre eigene Schwäche nicht spüren zu müssen. Und wie besiege ich meine Angst, wenn ich sie nicht zeigen darf? Ich bau mir ein grandioses Selbst-Bild: Schau her, der Stärkste der Starken, der hat keine Angst, vor dem müßt *ihr* Angst haben. Der Preis für übermäßig aggressives Verhalten ist zwar, daß die Erzieherin schimpft und keiner mit mir spielt. Doch auch für diese Außenseiterrolle gibt es in Film und Fernsehen ein verklärtes Gegenstück: Der wahre Kämpfer für Gerechtigkeit ist immer einsam.

Viele Eltern und Pädagogen befürworten, Jungen und Mädchen gleich zu erziehen. Gleichwohl sind die unbewußten Wünsche und Erwartungen unterschiedlich. Ängstliche Jungen, die schnell losheulen und sich auf den Schoß der Erzieherin verkriechen, beunruhigen Eltern mehr als ein schüchternes kleines Mädchen. Und viele Väter impfen ihren Jungen von klein auf ein: „Du darfst dir nichts gefallen lassen!" Jungen agieren diesen Spannungszustand – Schmerz und Kummer nicht ausdrücken zu können – durch ständige Bewegung aus. Acht- bis zehnmal mehr Jungen werden als hyperaktiv diagnostiziert. Dieser Unterschied verstärkt sich im Laufe der Schulzeit. Schnack/Neutzling berichten dazu, daß Jungen zwar bei schriftlichen Angsttests, die an Schulen durchgeführt werden, weniger angstvoll zu sein scheinen, jedoch häufiger den Satz ankreuzten: „Ich möchte, daß man mir meine Angst nicht anmerkt." Wenn man den Kindern keine Fragen stellt, sondern ihre körperlichen Angstsymptome mißt wie z. B. die elektrische Leitfähigkeit der Haut, ergeben sich bei Jungen ebenso hohe Angstwerte wie bei Mädchen. (Schnack-Neutzling, in Büttner 1992, S. 134) Statt zu fragen: „Wogegen kämpfen die Jungen eigentlich den ganzen Tag?", könnte man deshalb auch fragen: „Wovor haben sie Angst?" Mädchen zeigen ihre Ängste und Unsicherheiten in der Regel offener. Sie zeigen mehr Mitgefühl, versuchen schlichtend einzugreifen, zu trösten und beizustehen. Sie lernen früh, wie wichtig für Frauen die harmonische Beziehung zu ihrer Umgebung und die Anerkennung durch andere ist. Aggressionen gegen andere werden länger unterdrückt und sind oft mit

Schuldgefühlen verbunden. Die Infragestellung einer Freundschaft trifft sie härter als zehn Boxhiebe. Gesundheitsforscher fanden heraus, daß Mädchen ihren Kummer stärker „in sich hineinfressen", also zu selbstaggressiven Handlungen neigen.

Für Mädchen und Jungen stellt sich die Situation im Kindergarten unterschiedlich dar. Die „typisch weiblichen" sozialen Fähigkeiten wie Teilen, Helfen, Trösten werden positiv verstärkt und anerkannt. Weil Mädchen inzwischen auch zugestanden wird, stark und dominant zu sein, hat sich ihre Geschlechtsrolle erweitert. Die Jungen dagegen finden für die traditionelle, typisch männliche Rolle wenig Verständnis. Sie hören sehr viel darüber, wie sie *nicht* sein sollen. Sie sollen nicht laut sein, nicht kämpfen, nicht hauen, schießen, nicht der Stärkste sein wollen. Das heißt aber noch nicht, daß sie wissen, wie sie sein sollen. Die Erzieherin Anne Kebbe schreibt in einem Bericht, daß sie die Mädchen oft als „Verbündete" gegen die Jungen z. B. beim Aufräumen gesehen habe (in Büttner 1992, S. 41). Die Aggressionen der Jungen können dann auch Ausdruck einer solchen Gruppendynamik sein, in der Erzieherinnen und Mädchen zusammenhalten gegen die „Rabauken".

Mit der Zeit kann zwischen Erzieherinnen und den Jungen in der Gruppe ein sich verstärkendes Wechselspiel entstehen: Wenn Jungen raumgreifend spielen und toben, greift die Erzieherin ein und widmet damit den Jungen viel Zeit und Aufmerksamkeit, womit diese wieder das Gefühl haben, wichtiger als die ruhigen Mädchen zu sein. Das männliche Überlegenheitsgefühl hat gesiegt!

Jungen spielen Schießen und Überfall, schreien Schimpfwörter. Die Erzieherin kommentiert dieses Macho-Verhalten und bestätigt damit den Jungen, daß sie sich so richtig männlich verhalten haben und schon in der Lage sind, eine Frau zu provozieren. Insofern kann die Kritik der Erzieherin sogar den Wunsch verstärken, sich noch männlicher zu geben. Beide Seiten kennen den wunden Punkt des anderen Geschlechts sehr gut. Die Jungen sehen das Verbot oder Rumnörgeln an ihren männlichen Spielen als Angriff auf ihr Geschlecht. Provokationen wie „du Nutte" treffen so, weil sie das Weibliche abwerten. Wenn die Erzieherin das mit leidender Miene erträgt, fühlt der Junge sich bestätigt: Frauen sind eben zu schwach, um sich zu wehren, sie verdienen es nicht besser.

Untersuchungen haben gezeigt, daß Erzieherinnen und Lehrerinnen mehr Gewalt „sehen" als ihre männlichen Kollegen. Der Mythos von der männlichen Überlegenheit muß hinterfragt werden, Frauen und Mädchen müssen ihre Wahrnehmung männlicher Übergriffe zeigen und diese zurückweisen. Aber Frauen sollten auch unterscheiden zwischen Verletzung, Bedrohung und jungentypischen Spielen, Körpererleben.

Erzieherinnen können zwar manchmal wahre Wunder vollbringen. Die Veränderung von Geschlechtsrollen ist aber ein sehr komplexer Vorgang, der vor allem Handeln statt Reden erfordert. Frauen müssen – auch in einem Frauenbetrieb – nicht die alleinige Verantwortung dafür übernehmen. In den letzten Jahren ist unter Männern (und Frauen) vor allem aus sozialpädagogischen Berufen eine Debatte über die „kleinen Helden in Not" und die Bedeutung einer geschlechtsspezifischen Jungenarbeit in Gang gekommen. Diese soll sich an den „ureigenen Problemen der Jungen orientieren", Jungen nicht in erster Linie als „Mängelwesen" betrachten, sondern ihre Potentiale aufgreifen und ihnen bei der Suche nach einer männlichen Identität helfen, in der Schwäche und Angst auch Platz haben (vgl. Schnack/Neutzling 1994).

Was können realistische Ziele sein?

Jungen und Mädchen brauchen die Bestätigung ihrer geschlechtlichen Identität. Dazu gehört auch traditionelles Rollenverhalten. Entscheidend ist nicht, ob Jungen starke Männer bewundern und nur von Autos und Fußball schwärmen, sondern ob sie andere dabei abwerten und niedermachen. Die Demonstration von Stärke, Mut, Entschlossenheit verdienen ebenso wie das Hegen und Pflegen positive Beachtung.

Die Jungen wie die Mädchen brauchen Wertschätzung und Interesse für alle ihre Aktivitäten. Das gilt auch für ihre Phantasiehelden. Lassen Sie sich von den Jungen mal mitnehmen in die fernen Galaxien und Abenteuerwelten und nehmen Sie teil an dem, was sie beschäftigt. Es ist nicht notwendig, daß Sie Begeisterung simulieren. Für die Jungen ist es entlastend, nicht mehr bei Frauen um die Anerkennung ihrer Jungenspiele „kämpfen" zu müssen. Das Gleiche gilt für die Traum- und Plüschwelt der Mädchen.

Erst das Gefühl „Ich darf so sein, wie ich bin, und mache nicht ständig etwas falsch" schafft ein Klima, um sich auf Neues einzulassen.

Hinter ihrer männlich-starken Fassade verstecken Jungen aber auch Schwäche und das Bedürfnis nach Schutz. Wo sie sich trauen, Angst zu zeigen, sollten Erzieherinnen dies positiv bestärken und sie von der unerträglichen Spannung entlasten, immer stark sein zu müssen. Mit zunehmendem Alter wird das Zeigen von Unsicherheit und Angst jedoch wahrscheinlich von anderen Jungen abgewertet als Mamasöhnchen- und babyhaftes Verhalten. Je wichtiger die Anerkennung durch die Gleichaltrigen wird, desto geringer ist der Einfluß der Erzieherin (und auch der Eltern). Die Veränderung von Rollenverhalten braucht deshalb dringend männliche Vorbilder und Unterstützung auch in der Kindertagesstätte.

Fragen (insbesondere an Erzieher*innen*) zur geschlechts-spezifischen Wahrnehmung von Jungen-Verhalten:

Welche Ziele und Leitbilder habe ich im Kopf, wie Jungen und erwachsene Männer sein sollten? Wie wirkt sich das aus auf meine pädagogische Arbeit?
Welche Empfindungen habe ich gegenüber den Spielen und Verhaltenswei-sen der Jungen?
Welche Empfindungen habe ich gegenüber traditionellen männlichen Rol-lenbildern in Büchern, Filmen, Kassetten, Action-Spielen?
Greife ich bei Jungen und Mädchen unterschiedlich ein?
Wann und wo kann ich als Erzieherin die Stärke der Jungen annehmen?
Zeige ich den Jungen, wenn ich mich an ihrer Kraft freue?
Welche Möglichkeiten sehe ich, den Drang der Jungen zu raumgreifenden Spielen zu unterstützen?

Veränderungen sind möglich!
Ein Projekt zur geschlechtsspezifischen Erziehung als Gewaltpräven-tion

Seit 1994 wird in den Berliner Bezirken Wedding und Pankow von der Kita-Beratung und verschiedenen Kindertagesstätten ein Projekt zur Förderung von mehr Selbst-Sicherheit in der Jungen-Geschlechtsrol-le durchgeführt. Grundlage ist die Annahme, daß Aggressionen aus Überforderung und Unsicherheit entstehen.

In den Kitas sollen Möglichkeiten genutzt werden, die Jungen in ihrer Geschlechtsrolle positiv anzunehmen, z. B. indem

– sie in ihrer unmittelbaren Umwelt (Kita-Räume, Garten) mehr jungentypisches Spiel- und Sportmaterial, Werkzeuge, jungentypi-sche Symbole (wie Rennautos, Sportbilder) vorfinden
– Rollenspiele wie Batman, Power-Rangers beachtet werden und die Verkleidungsecke mit Männerklamotten (Indianer, Ganoven) bestückt ist
– Wettkämpfe und Sieger-/Verlierersituationen, typische Jungen-Sportarten, bewegungsintensive Gelände- und sonstige Spiele stattfinden.

Ein weiteres Projektziel, „mehr Männervorbilder in der Kita", wurde erreicht, indem Väter bei ihren konkreten Fähigkeiten angesprochen wurden und Werkräume und Gartengelände mit Jungen und Mädchen gestalteten, Sportfeste und Ausflüge organisierten.

Die Erzieherinnen setzten sich mit ihrer eigenen geschlechtsspezifischen Wahrnehmung auseinander und berichten, daß sie das Verhalten der Jungen „mit verändertem Blick" und mehr Interesse als Ablehnung sehen.

Neben einer solchen Anerkennung des „typischen" Verhaltens unterstützten sie die Jungen aber auch dabei, fürsorgliches und gefühlsbetontes Verhalten zu zeigen (u. a. als Helfer in der Krippe), Angst und Hilflosigkeit zuzulassen, und boten ihnen in Büchern und Medien neue Rollenvorbilder an.

Und wo bleiben die Mädchen?

„Unsere Spiele waren häufig gemeinsam, bis wir ‚die alten Jungens' mal satt hatten oder sie uns. Dann vertieften wir uns völlig in ‚Mutter und Kind' oder erzogen unsere Puppen wieder mit den Ansprüchen an unbedingten Gehorsam, die sich nur aus dem Gesetz des Gegensatzes erklären lassen oder aus dem wohltuenden Gefühl, auch einmal Autorität üben zu können... Auch diese rein mädchenhaften Spiele waren so tief befriedigend, daß uns das Tosen des wilden Heeres in der Ferne nicht einmal besonders lockte." So erinnert sich die Frauenrechtlerin Helene Lange Anfang dieses Jahrhunderts (zitiert bei Weber-Kellermann, S. 166).

Mädchen und Frauen sind nicht „weniger", sondern „anders" aggressiv. Auch Mädchen haben eine ganze Palette von Verhaltensweisen, um sich durchzusetzen, teilweise auch auf Kosten oder zum Schaden anderer. Mädchen bilden andererseits durch weibliche Identifikationsmodelle in Familie und Erziehungseinrichtungen auch ein starkes soziales und kooperatives Verhalten aus.

Verhalten wird durch Aufmerksamkeit verstärkt, durch Nicht-Beachtung eher „gelöscht". Es spricht einiges dafür, daß Eltern und Pädagogen bei Mädchen eher die Hilfsbereitschaft verstärken – z. B. durch Lob und freundliche Blicke –, bei Jungen eher das störende Verhalten durch Schimpfen. Die typischen Mädchen-Aggressionen nerven zwar, weil Erzieherinnen sie vielleicht weniger beachten, werden sie nicht verstärkt. Und sicherlich nehmen Erzieherinnen das Verhalten der Mädchen auch anders wahr, finden vieles „normaler", weil sie es kennen.

Problematisch ist nicht die Hilfsbereitschaft und die positive Rückmeldung darauf durch Pädagogen, sondern ein in sich zurückgezogenes Verhalten. Wenn Mädchen „Ärger in sich hineinfressen", ist dies nur die Kehrseite der nach außen gerichteten Jungen-Aggression. Gefühle wahrnehmen und zeigen zu dürfen ist deshalb eine Entwicklungsaufgabe für beide Geschlechter.

Wenn Erzieherinnen Mädchen ermutigen wollen, sich aktiv und selbstbewußt durchzusetzen, sind sie dabei immer auch selbst gefragt: „Wer sich als Frau dazu entschließt, seine Fähigkeiten offen zu nutzen, selbständig Entscheidungen zu fällen, für Verhaltensänderungen bei sich und anderen zu kämpfen, seine Angst vor notwendigen Aggressionen zu überwinden, muß seine masochistische Unschulds- und Vorwurfshaltung aufgeben (...) Das setzt auch voraus, daß Frauen lernen, mit ihren Aggressionen bewußter umzugehen und Schuldgefühle besser zu ertragen." (Mitscherlich, S. 9)

Welches Rollenmodell bin ich für die Mädchen?
Wie gehe ich selbst mit Ärger und Wut um?
Bin ich ein Modell für zurückhaltende oder auch für wilde Aktivitäten?
Wie lenke ich die Aktivität der Mädchen durch Lob und Kritik?

Kampfspiele, Monsterfiguren und phantasierte Gewalt

„Kinderspiele – Spielen und Spielzeug im Vorschulalter" steht auf der Einladung zu einem Elternabend eines Kindergartens. Die Erzieherinnen eröffnen den Abend mit einer Runde: Was habe ich als Kind gerne gespielt? Nachdem die Mütter und Väter zunächst ihre Lieblingsspielzeuge Puppen, Teddy, Eisenbahn genannt haben, sagt plötzlich eine Mutter: „Eigentlich waren wir auch viel draußen. Da hatten wir gar nicht immer Spielzeug dabei. Wir haben uns einfach was gesucht." Es beginnt eine lebhafte Diskussion über die zunehmende Verkehrsdichte und die verschiedenen Gefahren, die Eltern dazu bringen, ihre Kinder lieber in den Wohnungen spielen zu lassen.

„Haben Sie eigentlich auch Kampfspiele gespielt?" fragt die Erzieherin. Einige Väter grinsen. „Sie meinen so Cowboy und Indianer? Ja, sicher, aber das war völlig harmlos..." Herr B. schaut in die Runde, einige andere Väter nicken. „Also, das artete nie aus", sagt ein anderer Vater. „Wir wußten immer, daß das nur ein Spiel war. Und auf die Regeln haben wir sehr genau geachtet." Die Mütter haben in dieser Hinsicht weniger anzubieten. Nur Frau S. stellt fest: „Bei den Indianer- und Piratenspielen habe ich auch immer mitgemacht, ich hatte schließlich drei Brüder, und meine Eltern haben immer gesagt, an mir sei ein Junge verlorengegangen."

Die Erzieherinnen fordern die Eltern auf, darüber noch mehr zu erzählen: „Was hat Ihnen denn Spaß gemacht?" und berichten selbst über-Gruppenspiele und Mutproben. Nachdem die Väter bemerkt haben, daß von den Erzieherinnen kein „ja, aber…" kommt, sondern Interesse da ist, erzählen immer mehr von Piraten-, Ritter- und Bandenspielen. „…und ich dachte, das findet man heute gar nicht mehr so gut", sagt ein Vater. Daraus entsteht eine Diskussion, in der positive und negative Aspekte der Bandenspiele beleuchtet werden. Einige Eltern erinnern sich, daß sie als Kinder oft bis zum Abendessen in dem kleinen Wäldchen hinter der Schule rumstromerten. „Eigentlich schade, daß die Kinder das nicht mehr haben", sagt eine Mutter, „da haben wir uns die tollsten Abenteuer ausgedacht." Das Wäldchen existiert noch, aber die Eltern haben Angst, ihre Kinder dorthin allein gehen zu lassen. „Wenigstens für die Hortkinder könnten wir doch mal überlegen, unter welchen Bedingungen sie auch mal in Gruppen im Wald spielen können", wirft eine Erzieherin ein, „schließlich beginnt der Wald direkt hinter dem Hort." Die Eltern erklären sich bereit, über die Frage der Aufsichtspflicht in diesem Fall auf einem anderen Treffen noch mal zu sprechen. Die Erzieherinnen berichten, daß die Kinder sich seit einiger Zeit sehr für Indianer interessieren. „Vielleicht können wir unser Indianerprojekt in den Sommerferien auch schon teilweise in den Wald verlegen, dann werden die Kinder damit auch vertraut."

Erst mal einigt man sich darauf, das nächste Sommerfest unter dem Motto „Alte Kinderspiele – neu entdeckt" durchzuführen. Zur Vorbereitung sollen die Eltern Regel- und Gruppenspiele aufschreiben.

Wenn es gelingt, Erfahrungen auszutauschen ohne vorschnelle Bewertung und Vor-Urteile, hat das oft noch mehrere Effekte: Die Mütter und Väter bekommen wieder einen Bezug dazu, daß Toben, Rangeln und auch Schmutzigwerden einfach dazugehörte, und zeigen mehr Verständnis für diese Bedürfnisse ihrer Kinder.

Vielleicht können Sie auch mit Müttern und Vätern auf einem Elternabend ins Gespräch kommen: Welche wilden Spiele haben wir gespielt? Wie stehen wir heute dazu?

Sicher lernen Sie Eltern dabei von einer ganz neuen Seite kennen. Die meisten Väter berichten gerne von ihren Bandenspielen, tun dies aber im Kindergarten oft mit einem entschuldigenden Blick. Erzählen Sie sich, was schön war und was nicht so schön war.

Vielleicht bekommen Sie gemeinsam Lust, mit den Kindern bei einem Eltern-Kind-Spielfest Spiele, die allen gefallen, auszuprobieren. Viele alte Spiele mit längst vergessenen Regeln hat Hella Langosch-Fabri gesammelt (Langosch-Fabri 1990).

Karate-Kids

„Bei mir in der Gruppe wird nur noch gekämpft." Etliche Jungen besuchen Karate- oder Judo-Kurse. „Den ganzen Tag machen sie diese verschiedenen Griffe." Für die Hort-Erzieherin sind das Vorboten einer schlimmen Entwicklung. In ihrer Phantasie sind einige der Jungen schon Skins und überfallen Leute. Außerdem macht sie sich Sorgen, daß die Kinder sich vielleicht verletzen könnten. „Die sehen das doch in den Filmen, da stehen die Leute einfach wieder auf nach ganz brutalen Kämpfen." Passiert sei aber in der Gruppe noch nichts.

Im Team sprechen die Erzieherinnen darüber, ob nicht auch eigene Ängste und Unkennntnis die Sorgen hervorrufen. „Eigentlich weiß ich gar nichts darüber. Ich glaube, die Trainer sagen den Kindern auch, sie sollen außerhalb des Kurses die Griffe nicht anwenden." Um gelassener mit der Kampflust umzugehen, müßten die Erzieherinnen ihre Berührungsängste überwinden und erst mal hinschauen:

Wie ist die Atmosphäre zwischen den Kindern? Haben alle Beteiligten Spaß an den Kampfritualen? Machen alle freiwillig mit?

Sie könnten sich von den Kinder erklären lassen, was in den Kursen gemacht wird. Vielleicht ist ein Trainer sogar mal bereit, den Hort zu besuchen, oder die Hortgruppe geht mal in ein Dojo (Übungsraum). Dabei könnten sich interessante Gespräche ergeben:

- Was sind die ethischen und sportlichen Prinzipien von Karate und Judo?
- Wie sollte man außerhalb des Trainings verantwortungsvoll damit umgehen?
- Was hält der Trainer von den Karate- und Kung-Fu-Filmen?
- Sind Karate und Judo was für Mädchen *und* Jungen?

Monster, Waffen, Power-Ranger

Aus einer Umfrage unter Erzieherinnen:

„An diesen Monster-Figuren ist so schrecklich, daß man damit nur Kämpfen spielen kann, gar nichts anderes."

„Damit wird den Kindern ein Weltbild vermittelt, daß man einfach zuschlagen darf, wenn einem irgendwas nicht paßt."

„Und in den Filmen, da werden die Feinde totgeschossen, und danach stehen sie einfach wieder auf, als wenn nichts gewesen wäre."

„Dieses Männerbild ist auch wirklich brutal, diese muskelbepackten Kerle."

„Und dann diese Farben, total unästhetisch."

„Die Phantasie wird da abgetötet, die spielen immer das gleiche."

„Frauen haben da gar nichts zu sagen."

„Daran ist doch nichts Realistisches mehr."
„Das sind doch fragwürdige Formen der Konfliktlösung."
Welche Meinungen gibt es in Ihrem Team zu Action-Figuren? Wie stehen Sie selbst dazu?
Beruht Ihre eigene Meinung auf der Beobachtung von Kindern beim Spiel, eigenem Mitspielen, Gesprächen mit Kindern?

In den oben dokumentierten Meinungen fällt auf: Die Erzieherinnen gehen vor allem davon aus, was sie selbst in den Figuren sehen und was sie abstößt. Dabei machen sie die Wahrnehmung und den Geschmack von Erwachsenen zum Kriterium. Außerdem werden Vermutungen über die Wirkung geäußert, die wahrscheinlich nicht auf eigene Erfahrung zurückgehen. Spielzeug ist ihrer Meinung nach gut und sinnvoll, wenn es realistisch ist und positive Formen der Konfliktlösung vermittelt.

Man kann kein Kind zum Spiel mit einem bestimmten Spielzeug zwingen. Auch die Begeisterung für Action-Figuren läßt sich nicht von außen an Kinder herangetragen, sondern muß emotionale Bedürfnisse ansprechen. Welche?

Erzieherinnen haben die Macht, zu entscheiden, ob die Figuren mitgebracht werden dürfen oder nicht. Mit Macht sollte man sorgfältig umgehen.

Im Mittelpunkt der Beurteilung sollten dabei die Kinder stehen:
Was fasziniert sie, wie erleben sie selbst das Spiel?
Warum spielen mehr Jungen als Mädchen damit?
Welche Wirkungen hat das Spielzeug auf das Verhalten der Kinder?
Erst danach stellen sich Fragen wie: Sollen wir Waffen und/oder Monster verbieten? Wie können wir das begründen? Wie sollen wir mit den Eltern darüber reden?

Was Kinder an Masters, Turtles, Power Rangers usw. toll finden:
„Die sind stark"
„Die Guten kämpfen gegen die Bösen und besiegen sie"
„Alle meine Freunde haben die auch"
„Damit kann ich genau wie im Fernsehen spielen"
„Wenn man daran dreht, dann verwandeln die sich"

Das Spielkonzept der Action-Sets

Die Action-Sets bestehen immer aus zwei Gruppen, den „Guten" und den „Bösen". Beide Gruppen haben einen Anführer. Die weiteren Spielfiguren unterscheiden sich durch bestimmte Kampfqualitäten.

Das Spielkonzept beruht auf einer Rahmenhandlung. Auf den Verpackungen ist diese nur grob angedeutet. Ausführlich dargestellt wird sie jedoch in Kassetten, Videofilmen, Fernsehfilmen, die die meisten Kinder kennen.

Kinder genießen im Spiel mit den Action-Figuren wie auch bei den entsprechenden Filmen das Wechselspiel von Spannung und Entspannung. In den Filmen und Geschichten gibt es einen immer wiederkehrenden Verlauf, der einen Spannungsbogen bildet: Harmonische Situation – die Guten werden bedroht – Aufbau einer Gefahrensituation – Unsicherheit (werden die es schaffen, sich zu wehren) – Gefahren treten auf – Höhepunkt: Kampf gegen die Bösen – die Bösen werden besiegt!

Primitiv, könnte man sagen. Doch wenn Sie in den nächsten Wochen ihre Lieblings-Krimis nach solchen Mustern anschauen, werden Sie Parallelen feststellen.

Medienforscher bezeichnen die Gefühle, die beim Betrachten entstehen, als Angstlust. Die bedrohliche Situation erzeugt einen Erregungszustand, der durchaus lustvoll erlebt wird (Herzklopfen, Kribbeln). (Vgl. dazu ausführlicher: Rogge 1996)

Stellvertreter für „böse" Gefühle

Was Erwachsenen mißfällt, die schlichte Aufspaltung der Figuren und Geschichten in „gut" und „böse", zieht die Kinder magisch an. Dieses Schema entspricht der Gefühls- und Gedankenwelt und der Stufe der moralischen Entwicklung von Kindern im Vorschul- und frühen Schulalter. Das Kind setzt sich in diesem Alter intensiv damit auseinander, was denn gut und böse, richtig oder falsch sei. Eltern und Erzieherinnen setzen Grenzen, verbieten und erlauben, bewerten kindliche Handlungen. Das Kind identifiziert sich zunehmend damit und übernimmt diese Maßstäbe in sein eigenes Weltbild. Dieser Prozeß ist jedoch konfliktreich und schmerzhaft, von heftigen Trotzreaktionen und „bösen", aggressiven Gefühlen gegen die übermächtigen Erwachsenen begleitet. Oft genug fühlt sich das Kind ohnmächtig in einer feindlichen Umwelt, wenn es die ihm gesetzten Grenzen und Regeln akzeptieren soll. Die Verbote der Eltern und Erzieherinnen erzeugen Wut und Haßgefühle, über die das Kind erschrickt, denn gleichzeitig liebt es diese Personen ja auch. Seine aggressiven Phantasien zeigt es manchmal direkt: „Ich schneide dir jetzt den Kopf ab", häufiger im Rollenspiel.

Vor diesem entwicklungspsychologischen Hintergrund ist die Faszination der Monster- und Actions-Sets – wie auch aller anderen Spielvorlagen, die gut-böse, stark-schwach zum Thema haben – zu sehen. Die Spielfiguren ermöglichen den Kindern, ihre eigenen Konflikte stellvertretend noch einmal zu inszenieren und so oft sie wollen zu durchleben.

Psychologisch gesehen stehen die guten und bösen Figuren für seelische Anteile, mit denen das Kind innerlich kämpft. Wer genau hinschaut, wird beobachten, daß auch die Mädchen ihre Identitätskonflikte im Rollenspiel inszenieren. Auch Barbie-Puppen können um Macht und Anerkennung kämpfen.

Das Schwarz-Weiß-Denken ist eine frühe Stufe der moralischen Entwicklung. In einem längeren Prozeß lernt das Kind hoffentlich, die Welt immer differenzierter wahrzunehmen. Dies braucht viel Zeit. Erklärungen Erwachsener können diesen Prozeß nicht abkürzen, immer wieder muß das Kind diese Konflikte erleben, spielen, fühlen und erfahren. Wenn Erwachsene, vielleicht sogar in abschätzigem Ton, die Klischees in den Action-Spielen anprangern, wird das Kind deshalb meist gar nicht verstehen, worum es geht. Es hört aber sehr wohl, daß der Erwachsene wenig Vertrauen hat, daß es selbst seinen Weg finden wird.

Von daher haben Eltern sogar recht, die hoffen, es sei „nur eine Phase", weil ihre Kinder mit der inneren Reifung zu einem differenzierten Weltbild gelangen und die Action-Figuren dann langweilig werden. Kinder oder auch Jugendliche und Erwachsene, die an der polaren Weltsicht festhalten, werden allerdings Gründe dafür haben. Vielleicht ist die eigene Welt so unübersichtlich und chaotisch, daß ein sehr grobes Raster eine Orientierung bieten muß.

„… das ist doch nicht realistisch!"

In der Kindergarten-Pädagogik hat die Beschäftigung mit realistischen Themen heute einen hohen Stellenwert. Die Erkundung der Arbeitswelt, Themen aus dem Alltag der Familien wie Geburt, Umzug, Tod, Technik und Umwelt werden aufgegriffen.

Wenn Sie die Spielmaterialien, Bücher und Spiele in Ihrer Einrichtung anschauen:

Wie groß ist der Anteil an „realistischen" Darstellungen und Alltagsthemen?

So wichtig es ist, den kindlichen Wissensdurst zu stillen, stellen sich aber auch Fragen. Realistische Spielzeuge und Bücher sind immer nur Ersatz, je mehr es davon gibt, um so weniger scheinen Kinder die Welt da draußen tatsächlich erkunden zu dürfen.

Entspricht das Spielangebot einseitig einem wissenschaftlich-rationalen Weltbild oder haben auch symbolische, phantastische Inhalte und Märchen, Mythen, Fabeln darin Platz?

Und was ist überhaupt realistisch? Unsere Träume, Phantasien sind ja auch real vorhanden, wir erleben und fühlen sie körperlich angenehm oder unangenehm. In ihnen bearbeitet die Psyche das Erlebte. In Phantasien kommen auch unbewußte und verborgene Wünsche zum Ausdruck. Die Spielzeug-Designer bedienen sich bei der Erschaffung ihrer Figuren uralter Vorlagen aus Mythen, Märchen und Sagen, in denen es von Dämomen, Gnomen, Ungeheuern und Zauberwesen nur so wimmelt. Das fasziniert ja auch Erwachsene noch, vielleicht gehören Sie selbst zu den Lesern von Fantasy-Geschichten. Wenn Kinder im Phantasiespiel ihre Wünsche und Ängste ganz offen vor unseren Augen inszenieren, sind wir auch selbst herausgefordert:

– Wie gehe ich mit meinen eigenen Phantasien und Träumen um?
– Träume ich selbst auch manchmal, jemand ganz anderes zu sein, oder ist mir dieser Gedanke peinlich?
– Welche Träume und Phantasien von Macht, Stärke, Schönheit und Zauberkraft finden sich in meinen Lieblingsromanen und -filmen wieder?

Action-Figuren und die kindliche Lebenswelt

Action-Figuren passen irgendwie in unsere Zeit. Die Lebenswelt der Kinder ist kleiner und anregungsarmer geworden. Verglichen mit früheren Kindergenerationen haben sie zu wenig Gelegenheit, unbeaufsichtigt draußen zu spielen, ihre Umwelt mit allen Sinnen zu erforschen und ihren Körper in lustvoller Anstrengung zu spüren. Mit den Spielfiguren erleben Kinder in symbolischer Form ein „sicheres Abenteuer". Sie können ihre Bedürfnisse nach Aufregung und Spannungsabfuhr befriedigen. In einer Zeit, die für Banden-Abenteuer immer weniger Raum hat, können sie sich mit einem starken und unbesiegbaren Team identifizieren. In der von Autos versperrten Welt lockt die grenzenlose Weite des Weltraums und fernen Galaxien. Und dies alles im Kinderzimmer, ohne Schmutz zu machen! Die Phantasiewelten der Kinder weisen somit auch auf die Defizite unserer realen Welt hin.

Wie die Aktion- und Fantasy-Helden alles verkörpern, was Kindern fehlt, zeigt folgender Vergleich:

Situation von Kindern	Action- und Fantasy-Helden
Einschränkung des Erfahrungsraums	Abenteuer
Aggressionsverbote	Aggression erlaubt Körper als Waffe
Lenkung durch Erwachsene Verlust von Spontanität	Action

Rationalität „sei doch vernünftig"	Irrationalität, Emotionalität
Ohnmachtsgefühle	Allmacht
Klein sein	Helden
Körpererfahrung zurück- gedrängt: „Mach dich nicht schmutzig!"	Körper als Symbol für Macht Körperlust, Bewegung
Technik, Maschinendominanz	Beherrschung, Bedrohung durch Maschinen
Zukunft als Lebensperspektive	Zukunft als Handlungsraum

Machen Monster aggressiv?

Action-Serien benutzen primitive Freund-Feind-Klischees und preisen Kampf als Konfliktlösungsmodell an, das springt ins Auge. Viele Erwachsene haben Angst, daß dies auf Kinder abfärben könne.

Genausogut könnte man aber fragen: Macht Shampoo schön, steigern Zigaretten die Attraktivität? Die Zauberkraft der Warenwelt beruht darauf, daß Menschen glauben, mit den Dingen könne man auch die positiven Eigenschaften kaufen, die in der Werbung präsentiert werden.

Verschiedene Untersuchungen befassen sich mit den Wirkungen von Action-Spielzeug auf das kindliche Spiel. Ein wichtiges Ergebnis ist, daß das Rollenspiel nicht bei allen Kindern gleich verläuft, sondern von der psychischen Situation und der Gruppensituation der Beteiligten abhängt. Ausgeglichene und sich auch sonst eher kooperativ verhaltene Kinder zeigen dies auch im Spiel. Die Figuren verursachen also nichts, sondern ermöglichen den Kindern, innere Zustände auszudrücken, haben eine Auslöse-Funktion. Man kann eben auch mit Turtles „lieb" spielen und mit dem Teddy jemand schlagen. Kinder, die wenig fernsehen, sind in der Lage, mit den Action-Figuren ihr eigenes Spiel phantasievoll weiterzuentwickeln. Die Gewalt in den Spielvorlagen fasziniert Kinder besonders, die zu Hause selbst Gewalt erleben.

Langzeitwirkungen von Spielzeug lassen sich kaum beweisen, da die Wirklichkeit zu komplex ist, als daß ein einzelner Faktor bewertet werden könnte. Erwiesen ist allerdings, daß die Ausübung von Gewalt durch geringes Selbstwertgefühl, Mißerfolgserlebnisse und die Familienatmosphäre begünstigt wird (vgl. Fritz 1989).

Monster in die Kita?

Wenn doch alles halb so schlimm ist, gehören Monster dann in die Kindertagesstätte?

Jedes Erzieherinnen-Team wird sich wohl früher und später mit dieser Frage auseinandersetzen und eventuell auch von Eltern darauf angesprochen werden.

Dabei ist sicher zu berücksichtigen, wie im Kindergarten überhaupt damit umgegangen werden soll, daß Spielzeug von zu Hause mitgebracht wird. In manchen Einrichtungen gibt es spezielle Spielzeug-Tage, in anderen bestimmte Regeln wie „mit dem mitgebrachten Spielzeug dürfen auch andere spiclen". Wichtig ist dabei z. B., ob Kinder über ihre Besitztümer versuchen, Anerkennung zu erlangen oder andere Kinder zu steuern.

Wenn Kinder zu Hause häufig die Action-Filme sehen und ansonsten wenig Anregungen haben, brauchen sie Gelegenheit, das Erlebte im Spiel auszudrücken. Auch wenn Action-Figuren in der Kita tabu sind, werden sie mit anderen Mitteln ihre Gefühle und Spannungen ausdrücken. Man könnte auf Elternabenden über die Wirkung von Filmen auf Kinder sprechen und anregen, das Fernsehen einzuschränken. Sehr wirkungsvoll sind diese Appelle meist nicht. Wenn Erzieherinnen das Nachspielen negativ bewerten, wird das Kind sich angegriffen fühlen und darauf mit Wut und Enttäuschung reagieren, die wieder Aggressionen auslösen können. Spürt das Kind dagegen, daß die Erzieherin das Spiel akzeptiert, kann es später zu anderem übergehen. Das bedeutet nicht, daß Erzieherinnen mit ihrer Meinung zu bestimmten Filmen und Action-Figuren hinter dem Berg halten sollen. Nur ist das intensive Spiel ein schlechter Zeitpunkt dafür.

Lassen Sie die Kinder erzählen, was an Monstern toll ist. Wenn Sie die Kinder und ihre Gefühle ernst nehmen, werden sie Ihnen auch zuhören. Sie können erklären, daß Sie einen anderen Geschmack haben und warum Sie Gewalt ablehnen.

Action-Figuren werden wohl kaum aus dem Leben der Kinder und den Kitas verschwinden. Man könnte aber darüber nachdenken, was denn wohl wichtiger, spannender, schöner sein könnte als Action-Figuren. Eine Umgebung, die man gestalten, formen, entdecken kan;. Spielräume und Freiheit zum Ausprobieren verschiedener Rollen – guter und böser; Träumen und Phantasieren; Toben und Wild-Sein. Und Erwachsene, die einen annehmen, so wie man ist, nicht wie man sein sollte.

**Ideen von Erzieherinnen zum Umgang mit He-man
und seinen Kumpanen**

Verbote sind eine hilflose Reaktion, die Kinder nicht ernst nehmen!
Alternativen sind überall da, wo Abenteuer, Stärke, spielerischer
Ausdruck von Aggression erlaubt sind.

- Mitspielen und den Figuren den Hauch des Verbotenen nehmen
- Feste Muster aufbrechen, selbst Geschichten ausdenken, Handlung abwandeln
- Projekt „Monster" mit Schminken, Verkleiden, Requisiten.
  Die Figuren dürfen mitgebracht werden
  Die Gestik und Mimik wird nachgemacht, die Kinder erzählen,
  was sie toll finden
- Über Regeln und „faires" Kämpfen sprechen
- Den Kindern ermöglichen, in Rollenspielen und selbstausgedachten Szenen gute und böse Phantasien auszuleben
- Märchen vorlesen und spielen
- Wettbewerb nicht verteufeln
- Reale Abenteuer: Freiräume außerhalb der Einrichtung, weniger Aufsicht, mehr Vertrauen
- Lust am eigenen Körper (Sinneserfahrungen, Schminken, Verkleiden, Bemalen)
- Kraft erfahren und Kräfte messen

Schießen und Zurückschießen

Jan und Oliver sind in der Bauecke. Sie haben sich einen Wall gebaut, aus
dem maschinengewehrartige Geräusche zu hören sind. Die Erzieherin
sitzt am Tisch und klebt mit anderen Kindern ein Bild. Sie ruft durch den
Raum: „Ihr wißt doch, Schießen ist blöd, also hört damit auf." Die Geräusche werden leiser. Die Erzieherin ist sich nicht sicher, ob die Kinder jetzt
etwas anderes spielen. „Aber wenigstens kennen sie meine Meinung."
Das Team ist sich über die Frage, wie mit dem Schießen insbesondere
der Jungen umzugehen sei, nicht einig. Die Mehrheit ist der Meinung, das
könne man sowieso nicht unterbinden. Die Kinder würden dann auch zum
Heucheln erzogen, meint eine Kollegin und berichtet: „Wenn ich etwas
sage, antworten die einfach, wir haben eine Bohrmaschine und kein
Gewehr." Einige Kollegen wenden aber ein, damit mache man es sich zu
einfach. Die Kinder müßten etwas über den tatsächlichen Krieg erfahren,

den sie ja auch im Fernsehen sehen und wissen, daß es auch Erwachsene gibt, die gegen Krieg sind.

Wie insbesondere Jungen in diesen Spielen Phantasien ausleben, die um männliche Stärke, Macht, Bekämpfen des Bösen kreisen, ist bereits am Beispiel der Action-Figuren beschrieben worden. An dieser Stelle soll es darum gehen, was zwischen den Jungen und der Erzieherin in der kurzen Szene passiert ist, ob die Jungen etwas mit ihren Worten anfangen konnten.

Kommunikation findet immer auf mehreren Ebenen gleichzeitig statt, es geht um eine sachliche Information genauso wie um die Beziehung zwischen den Beteiligten.

Sachlich war die Information ziemlich kurz: „Schießen ist blöd". Wieso überhaupt? Was meint sie damit?

Die Beziehung kommt durch den – möglicherweise genervten – Tonfall, den Gesichtsausdruck und die räumliche Distanz zum Ausdruck: „Sie mag uns nicht, wenn wir schießen. Vielleicht findet sie *uns* blöd." Hat die Erzieherin verbal zurückgeschossen?

Wenn die Phantasie, die innere Erlebniswelt abgewertet wird und das Kind das Gefühl hat, sich verstellen zu müssen, gibt es keine Lernmöglichkeit. Lernen findet statt, wenn das Kind dazu bereit ist, eine Frage hat, eine Beobachtung macht, etwas untersucht. Das sind Momente, in denen die Erzieherin erklären kann, warum sie Schießen blöd findet und was sie vom Krieg weiß.

Vielleicht eignet sich dieser Text des Psychologen Bruno Bettelheim für eine Team-Diskussion:

„Was das Spiel mit Spielzeugwaffen angeht, reagieren wir, als ob das Spiel Wirklichkeit wäre, und das ist es ganz entschieden nicht. Das kindliche Spiel hängt eng mit Tagträumen und Traumphantasien zusammen. Indem wir das aggressive Phantasiespiel der Kinder behindern, verhalten wir uns, als ob es schon verwerflich wäre, von Gewalt zu träumen oder an sie zu denken. Durch diese Einstellung hindern wir unsere Kinder, den riesigen Unterschied zu erkennen, der Gewaltphantasien von gewalttätigem Verhalten in der Wirklichkeit trennt. Wenn das Kind keine Gelegenheit bekommt, frühzeitig zu lernen, worin dieser Unterschied im Hinblick auf die Gewalt besteht ..., ist es zumindest fraglich, ob es später eine klare Trennlinie zwischen aggressiven Phantasien und aggressivem Handeln ziehen kann." (Bettelheim, S. 210)

Der Horror-Montag

„Den Montag kann man bei uns vergessen. Wenn die Kinder das ganze Wochenende nur vor der Glotze gesessen haben, sind sie so unruhig, das muß dann erst mal raus."

*

„Wenn man sich anhört, was die alles gesehen haben, kriegt man einen Schreck. Filme wie ,Der weiße Hai' oder anderes, die erst nach 21 Uhr kamen. Kein Wunder, daß die Kinder so aggressiv sind."

*

„Wir haben im Hort vor einigen Wochen einen Elternabend zum Thema ,Fernsehen und Gewalt' durchgeführt. Wir hatten extra einen Referenten eingeladen, aber es kamen nur ganz wenige Eltern. Diejenigen, die es betraf, waren nicht da."

*

„Montags – oder manchmal auch in der Woche –, da kommen einige Kinder immer an und fragen mich: Hast du das gesehen? Oder das? Diese ganzen brutalen Filme. Ich sag dann: Nein, das interessiert mich nicht, ich seh solche Filme nicht und für euch wäre es auch besser. Wenn ich sie ließe, erzählten sie mir den ganzen Film nach."

Einige Erfahrungen von Erzieherinnen. Was sind Ihre Erfahrungen?

Die Erzieherinnen sehen das Einbringen von Medienerlebnissen eher als Störung des normalen Ablaufs an. Der eigentliche Alltag kann wieder beginnen, wenn die Kinder sich entladen haben. Einige Kinder haben offenbar ein übergroßes Mitteilungsbedürfnis. Sie suchen einen Zuhörer. Die Erzieherin fühlt sich bedrängt. Elternabende zum Thema „Gewalt im Fernsehen" haben meist nicht die erwünschte Wirkung.

Wie sehen Kinder Gewalt im Fernsehen?

Viele Erwachsene glauben: „Das" Fernsehen macht unsere Kinder „aggressiv."

Ein solches einfaches Ursache-Wirkung-Schema stimmt aber weder für Erwachsene noch für Kinder. Tauschen Sie sich einmal im Team aus, welche Fernsehszenen Sie als brutal empfinden, was Ihnen angst macht, wie

Sie darauf reagieren. Sie werden selbst in einem kleinen Kreis schon Unterschiede feststellen.

Mehrheit der Deutschen klagt: Zu viel Sex und Gewalt im Fernsehen

73 Prozent der Bundesbürger befürchten zudem, daß die Darstellung von Gewalt- und Sex-Szenen im Fernsehen zur Nachahmung verleite. Nur jeder vierte glaubt, daß derartige Bilder eine abschreckende Wirkung hätten.

Daß Horror-Videos aus Kindern potentielle Verbrecher machen, halten 59 Prozent der Deutschen für denkbar.

Berliner Morgenpost v. 20.6.1994

Kinder sehen Gewalt im Fernsehen z. B. in Zeichentrickserien (Batman, Power-Rangers), Nachrichtensendungen, Spielfilmen und Dokumentarfilmen.

Die meisten Erwachsenen gehen davon aus, daß Gewalt egal in welcher Form die gleiche Wirkung hat. Kinder nehmen die Sendungen aber völlig anders wahr als Erwachsene.

„So stufen Kinder insgesamt sehr viel weniger Handlungen als Gewalt ein. Insbesondere Gewaltdarstellungen in Zeichentrickfilmen werden im allgemeinen nicht als grausam oder brutal erlebt, da sie so wirklichkeitsfern sind." (Brigitte Hipfl, Gewaltdarstellungen im Fernsehen und ihre Bedeutung für die Entwicklung der Kinder, S. 125.)

Die schnellen Bewegungen, Geräusche und Musik erzeugen einen Wechsel von Spannung und Entspannung, den die Kinder als lustvoll erleben. Gerade weil es keine logischen Zusammenhänge gibt, räumliche und zeitliche Grenzen aufgehoben sind, können sich die Kinder ihren Phantasien und Tagträumen hingeben.

Da Kinder ein ganzheitliches Körpererleben haben, zeigen sie durch ihre Körperreaktionen, was in ihnen vorgeht. Rumtoben und Rumturnen während des Fernsehens sind also durchaus Wege, Spannung und Emotionen rauszulassen.

„Dagegen werden Szenen, die dem eigenen Alltag näher liegen, viel eher als Gewalt erlebt. Das kann sich dann z. B. derart niederschlagen, daß Sendungen wie etwa ‚Heidi‘, die von Erwachsenen als unproblematisch eingestuft werden, für Kinder psychische Formen von Gewalt präsentieren (ausgedrückt z. B. in den Verlust- und Trennungsängsten, die in dem Film thematisiert werden). Entsprechend ist auch die Einstufung von ‚Aktenzeichen XY ungelöst‘ als Horrorfilm durch ein fünfzehnjähriges Mädchen zu sehen. Im Gegensatz zu fiktiven Inhalten wie etwa bei Zombie-Filmen handelt es sich hierbei um Geschehnisse, die tatsächlich passiert und für das Mädchen noch bedrohlicher sind, da ihre Mutter ihm nahelegt, diese genau anzusehen. Entsprechend können auch Fernsehnachrichtensendungen oder Dokumentationen starke emotionale Verunsicherung auslösen" (ebd., S. 125 f.).

Insofern *gibt es keine „harmlosen" Filme.* Was als Gewalt erlebt wird, hängt sehr stark von der Persönlichkeit des Kindes, seinen Lebensbedingungen und seinem Umfeld ab. Auch Familiensendungen oder „liebe" Identifikationsfiguren wie Benjamin Blümchen und Heidi bieten Inhalte, die angst machen. Dies ist sicherlich auch zu bedenken, wenn Kinder im Kindergarten oder Hort Videofilme ansehen, und heißt für Pädagogen, daß sie die Filme kennen sollten und die Kinder dabei beobachten und ihnen Verarbeitungsmöglichkeiten anbieten.

Wie erreichen wir die Familien?

Zunächst sollte im Team überlegt werden, was man überhaupt erreichen möchte. Das Medienverhalten von Familien nachhaltig zu verändern, ist sicherlich ein unrealistisches Ziel. Dennoch hoffen Erzieherinnen manchmal, daß Eltern durch entsprechende Aufklärung über die schädlichen Wirkungen von Gewalt im Fernsehen „wach" werden. Dem liegt die Annahme zugrunde, ein Informationsmangel sei die Ursache dafür, daß ihre Kinder zu viel und alles Mögliche sehen.

Gespräche landen oft in einer Sackgasse, weil Eltern mit unterschiedlichen Wertmaßstäben an die Frage herangehen. Während für den einen Fernsehen nur ein Informationsmedium ist, ist es für eine andere Familie der Mittelpunkt des täglichen Feierabends, wo die gesamte Familie gemütlich versammelt ist.

Die Eltern glauben, die Wirkung von Filmen auf die Kinder dadurch steuern zu können, indem sie sagen: „Du brauchst keine Angst zu haben, das ist nur ein Film." Auch viele Erwachsene nutzen Action-Filme mit schnellen Prügel- oder Schießszenen, um Spannung abzulassen, und finden das lustig. Die Behauptung, solche Filme würden Kindern angst machen, halten sie schlicht für übertrieben.

Eltern haben viele Möglichkeiten, sich der „peinlichen" Fernsehdiskussion zu entziehen. An Elternabenden kann man verhindert sein. Bei Gesprächen mit Erzieherinnen und anderen Eltern findet man, das eigene Kind „sieht gar nicht viel fern und wenn, dann nur Kindersendungen". Und in vielen Familien wird der Fernseh- und Videokonsum gar nicht kontrolliert, wenn die Schulkinder nachmittags allein zu Hause sind.

Manche Ratschläge von Pädagogen werden deshalb sicher als „völlig am Leben vorbei" oder als Bevormundung aufgefaßt.

Zusammenarbeit mit Eltern kann nur als Dialog gelingen. Wer schon vorher weiß, was dabei herauskommen soll, wird wahrscheinlich scheitern. Neben den eigenen Überlegungen ist dabei auch wichtig, ob Mütter und Väter selbst Interesse an einer Diskussion zeigen durch Anfragen an den Kindergarten wie: Glauben Sie, daß Power-Rangers schädlich sind? Haben Sie ein Buch über die Wirkung von Fernsehsendungen? Meine Tochter will abends nicht ins Bett, wenn wir unseren Krimi sehen wollen.

Der Dialog könnte damit beginnen, daß Erzieherinnen ihre Beobachtungen festhalten und benennen können, ohne bereits Schlußfolgerungen zu ziehen.

Eine gelungene Zusammenarbeit schildern Frankfurter Erzieherinnen (in: Colberg-Schrader, S. 146):

Die Erzieherinnen hatten die Nase voll von den „geladenen Kindern" am Montagmorgen, die aggressiv und voller Bewegungsdrang in die Tagesstätte kamen. Doch wie könnte man mit den Eltern ins Gespräch kommen?

„An einem Elternabend beschrieben die Erzieherinnen den Eltern die Montagsschwierigkeiten anhand von Beobachtungen aus der Gruppe... Eltern und Erzieherinnen verabredeten, sich in Zukunft öfter auszutauschen. Außerdem nahm man sich für die nächste Zeit einige familienübergreifende Freizeitunternehmungen vor. Im Kindergarten kam es zu verschiedenen Projekten: Aufarbeiten von Fernseheindrücken, Gesprächen, Versuchen, die Zeitabfolge der Wochentage zu verdeutlichen. Die Erzieherin dieser Gruppe berichtete: „Am Freitag sagte ich zu den Kindern: Morgen ist Samstag und übermorgen Sonntag, da geht ihr ja nicht in den Kindergarten. Ihr könnt einmal malen, was ihr dann am liebsten tun würdet. Die Zeichnungen der Kinder waren sehr verschieden, sie zeigten fast nur Tätigkeiten, die sie nur mit anderen Kindern durchführen konnten: Kett-car mit dem Freund fahren, Fußball und Cowboy spielen, Vater, Mutter, Kind mit der Freundin spielen. Aber auch andere Zeichnungen waren dabei: Schmusen mit der Mutter, ganz lange im Bett liegen, die Großeltern besuchen. Mittags verteilte ich die Bilder an die Mütter, dabei erläuterte ich den Sinn dieses Angebotes. Viele Mütter waren erstaunt über die bildnerischen Aussagen ihrer Kinder und erzählten, daß zu Hause nie derartige Äußerungen gemacht worden wären." In der folgenden Woche fertigen die Kinder einen Kalender an: „Am Ende eines Kindergarten-Vormittags malten die Kinder das Spiel, mit dem sie sich am meisten beschäftigt hatten, oder die Situation, die ihnen am Morgen am wichtigsten war." Diese Bilder ergeben zusammen mit den Wünschen für das Wochenende einen Kalender, den die Eltern als Geschenk erhalten. Die Kinder drängen darauf, dies in der folgenden Woche zu wiederholen. Die Eltern waren teilweise sehr aufgeschlossen und griffen die Wünsche der Kinder auf.

Was tun wir in der Kita, damit die Kinder ihre Medienerlebnisse sinnvoll verarbeiten können?

Dies könnte eine – vielleicht provozierende – Ausgangsfrage für eine Team-Diskussion sein. Wenn Sie sich durch die Medienszenen der Kinder unwohl und genervt fühlen, betrachten Sie ihr Verhalten mal durch eine andere „Brille":

– Die Kinder bringen etwas ein, was ihnen wichtig ist.
– Wenn sie mich ansprechen, wollen sie, daß ich an ihrem Leben teilhabe.
– Dies ist ein Zeichen von Vertrauen und Zuneigung.

Für Kinder ist das Nachspielen von Fernseh- oder Videofilmen eine notwendige Form der Verarbeitung ihrer Erlebnisse. Sie setzen sich darin mit eigenen aggressiven Anteilen auseinander, die beim Betrachten der Filme in ihnen angesprochen worden sind, oder versuchen, ihre Ängste und Spannungen zu bewältigen. Dieser Wunsch der Kinder muß konstruktiv aufgegriffen werden.

Konstruktiv ist jede Form, die Erlebnis- und Gefühlsqualitäten auszuleben, z. B. indem die Kinder Bilder malen, bestimmte Szenen nachspielen oder der Erzieherin besonders imponierende Handlungen zeigen.

Dazu ist es nicht notwendig, daß der Erwachsene diese Sendungen auch gesehen hat und sich ein Urteil erlauben kann, was stimmt und was nicht stimmt. Die Kindern geht es ja gar nicht um eine vollständige Wiedergabe der Sendung, sie wählen das aus, was für sie bedeutsam ist. Dabei kann ich auch einiges über das Kind und die gerade bedeutsamen Themen und Konflikte in seinem Leben erfahren.

Wenn die Erzieherin die Kinder mit ihren Medienerlebnissen annimmt, zeigt sie damit nicht, daß sie selbst für gewaltsame Konfliktlösungen ist. Einige Erzieherinnen befürchten, „wenn ich das auch noch beachte, ufert es aus, und dann werden nur noch Gewaltszenen gespielt". Verdrängen ist aber kein Weg, besser ist es, mit den Kindern räumliche und zeitliche Begrenzungen zu vereinbaren.

Kapitel 8

Wenn Eltern und Erzieherinnen nicht an einem Strang ziehen...

Die Gruppenleiterin macht sich Sorgen um Tobias, 5: Er hat sich in der letzten Zeit sehr verändert. Grundlos schubst er andere Kinder und ärgert Schwächere. „Ich müßte mal mit seiner Mutter sprechen, ob er zu Hause auch so ist und ob es einen Grund gibt."
Tobias' Mutter ist seit einiger Zeit arbeitslos. Die Erzieherin versteht nicht, warum Tobias häufig bis 17 Uhr in der Tagesstätte ist, und denkt: Wenn das Kind öfter mal zu Hause bleiben kann, ist es vielleicht entspannter. Sie bittet seine Mutter zu einem Gespräch, schildert ihre Beobachtungen und fragt: „Wissen Sie einen Grund für Tobias' Verhalten? Ist er zu Hause auch so?"
Die Mutter schüttelt den Kopf: „Also, das ist mir unerklärlich. Tobias ist ein ganz normales Kind. Und wenn er mal bockt, weiß ich schon, wie ich ihn zu nehmen habe."
Was sie wohl damit meint, denkt die Erzieherin, traut sich aber nicht nachzufragen. „Ich könnte mir vorstellen, daß es für Tobias gut wäre, auch mal mittags nach Hause zu gehen, das ist doch möglich, oder?" „Ach, da langweilt er sich doch nur. Schließlich bezahle ich ja auch einen Ganztagsplatz, und außerdem bin ich oft unterwegs, um mich zu bewerben", antwortet Tobias' Mutter. „Also, ich habe wirklich keine Schwierigkeiten mit ihm. Vielleicht wird er ja auch von anderen geärgert und wehrt sich dann nur." Frau S. ist enttäuscht: Die macht es sich leicht, wälzt alles auf uns ab. Sie sagt: „Das glaube ich eigentlich nicht. Ich kann aber noch mal darauf achten. Ich möchte Tobias ja helfen, aber solange ich den Grund nicht kenne, kann ich nichts tun." Tobias' Mutter verabschiedet sich: „Wenn mir was auffällt, werde ich Sie bestimmt informieren, aber im Augenblick, ich wüßte wirklich nicht..."

Das Gespräch endet in einer Sackgasse. Ein typisches Muster fruchtloser Elterngespräche ist:
– Ein Kind fällt durch ein störendes Verhalten auf.
– Die Erzieherin möchte die Ursache herausfinden.
– Sie braucht dazu die Unterstützung der Eltern.
– Sie vermutet, daß die Ursachen in der Familie liegen und hofft, mit den Eltern darüber ins Gespräch zu kommen.

– Die Eltern sagen, sie „wissen nicht, wovon die Erzieherin spricht", oder haben eine andere Sichtweise.
– Die Erzieherin ist enttäuscht und resigniert.

Der Wunsch nach Zusammenarbeit läuft bei einigen Eltern ins Leere, weil die Eltern selbst überfordert sind und Unterstützung bräuchten. Oft sind diese Familien sozial isoliert, haben wenig Kontakte und igeln sich mit ihren Problemen ein. Eltern von „Problemkindern" beteiligen sich weniger an Elternabenden und sonstigen Aktivitäten. Reden über ihre Kinder, Gedanken und Gefühle mitteilen, ist sowieso nicht ihre Sache, das können andere besser.

Daraus ergibt sich ein Teufelskreis von Vermeidungen:
Die Eltern hoffen auf Entlastung, gerade auch bei schwierigen Kindern.

Die Kindertagesstätte soll ihnen wenigstens einen Teil des Tages die Kinder abnehmen.

Auf die Einladung zum Gespräch reagiert die Mutter mit Ärger und Schuldgefühlen: Jetzt auch das noch. Mir ist sowieso schon alles zuviel.

Sie „leugnet" das Problem.

Die Erzieherin wird ärgerlich über die Abwehr der Mutter.

Die Mutter reduziert und meidet den Kontakt, um nicht auf unangenehme Ereignisse angesprochen zu werden.

Was Elterngespräche schwierig machen kann

Um zu verstehen, was die Gespräche mit Eltern schwierig macht, ist es hilfreich, sich die Situation aus der Sicht der Eltern zu vergegenwärtigen. Mit welchen Gedanken und Empfindungen geht die Mutter wohl in den Kindergarten, nachdem die Erzieherin ihr mitgeteilt hat, daß sie über das Verhalten ihres Kindes sprechen möchte?

Eltern-Ängste könnten sein:
• Mag die Erzieherin mein Kind auch, wenn es sich danebenbenimmt?
• Was denkt sie über mich? Hält sie mich für eine schlechte Mutter, einen schlechten Vater?
• Ist mein Kind eventuell nicht normal?
• Was will sie von mir?
• Was wird, wenn sich das Verhalten nicht ändert?
• Wird sie mir vorhalten, daß ich zuwenig Zeit mit dem Kind verbringe?
• Sieht sie mein Kind anders als andere, weil wir Ausländer sind / weil ich alleinerziehend / Sozialhilfeempfänger usw. bin?

Auch wenn die Eltern selbstsicher auftreten, kann man davon ausgehen, daß es nicht angenehm ist, mit Problem-Verhalten seines Kindes konfrontiert zu werden. Ihre Reaktionen sind deshalb auch Versuche, sich vor Anklagen zu schützen.

Entweder signalisieren sie mehr oder weniger direkt: Was bei uns zu Hause los ist, geht Sie gar nichts an. Nach dem Motto „Angriff ist die beste Verteidigung" machen sie der Erzieherin klar, daß es wahrscheinlich an ihr selbst liegt, wenn sie mit dem Kind nicht zurechtkommt. Andere Eltern schützen sich vor Forderungen der Erzieherin, indem sie ihr zustimmen: Sie haben recht, aber ich weiß auch nicht weiter, ich kann selbst nicht mehr.

Beide Verhaltensweisen machen Kooperation schwierig. Im ersten Fall ziehen die Eltern eine Mauer um sich: bis hierher und nicht weiter. Sie können sich gar nicht erklären, was die Erzieherin meint, sie finden alles gar nicht so schlimm, in diesem Alter seien die Kinder nun mal so, und zu Hause sei das Kind ganz anders. Im anderen Fall geben die Eltern der Erzieherin recht, sind aber hilflos und mit ihrem Latein selbst am Ende. Vielleicht weiß die Erzieherin ja weiter, sie ist schließlich ausgebildet...

Auswege

Wenn sich solche Muster eingeschliffen haben, kommt es meist zu einer Verhärtung und zu gegenseitigen verdeckten Aggressionen. Auswege lassen sich finden, wenn es gelingt, die Interessenlage der Eltern mit zu berücksichtigen. Manchmal fällt es Erzieherinnen schwer zu überlegen, was die Eltern wohl bewegt, weil egoistische Motive auf der Hand zu liegen scheinen. Hineinversetzen heißt aber nicht zustimmen! Weil sich Konflikte zwischen Eltern und Erzieherinnen nicht durch ein „Machtwort" lösen lassen, müssen Wege gefunden werden, sich anzunähern. Eine solche Annäherung verdeutlicht das folgende Beispiel.

Seit einiger Zeit kommt Faruk, vier Jahre, nur noch unregelmäßig in den Kinderladen. Da seine Mutter ihre Diplom-Arbeit schreibt, ist er häufig, manchmal sogar mehrere Wochen, bei seinen Großeltern. Die Eltern leben getrennt. Die Erzieherin berichtet, daß Faruk in der Gruppe laut und aggressiv auf sich aufmerksam macht. „Er geht mit Schießbewegungen auf die anderen zu. Er ist selten länger als zehn Minuten bei einer Sache. Er hat keine festen Freunde. Wenn er sehr früh gebracht wird und es sind nur wenige Kinder da, kann ich mich intensiver um ihn kümmern. Dann ist es auch den Tag über besser." Die Erzieherin spricht mit Faruks Mutter über dessen „auffälliges Verhalten", glaubt aber selbst nicht, daß sich dadurch etwas ändert. „Sie müßte sich mehr Zeit für ihr Kind nehmen, aber dann schafft sie ihren Abschluß nicht." Wenn Faruk abgeholt wird, fragt seine Mutter meist sofort: „Na, wie war er heute? Hat er sich ordentlich benommen oder wieder andere geärgert?"

Was geht wohl in Faruk vor?
Die Erzieherin hat Faruks Verhalten bisher nur auf die familiäre Situation zurückgeführt. Als sie überlegt, wie es ihm wohl im Kinderladen geht, stellt sie fest: Durch sein unregelmäßiges Kommen hat er keinen festen Platz in der Kindergruppe. Ihm fehlen gemeinsame Erlebnisse und sichere Beziehungen. So muß er jedesmal wieder seinen Platz erobern und besonders laut zeigen: Hier bin ich wieder! Ich will dazugehören!

Was geht in Faruks Mutter vor?
Faruks Mutter ist es unangenehm, von der Erzieherin auf das Verhalten ihres Sohnes angesprochen zu werden. Sie hat möglicherweise Schuldgefühle, weiß aber keinen Ausweg. Deshalb schärft sie ihrem Sohn ein, sich ordentlich zu benehmen, und macht ihm Vorwürfe. Faruk wird dadurch noch angespannter. Einen Ausweg sieht die Mutter darin, ihren Sohn noch öfter zu den Großeltern zu bringen.

Damit verschlimmert sich die Situation, denn je größer die Abstände, desto schwieriger wird Faruk. Die Gespräche und Ermahnungen haben also bisher das Gegenteil bewirkt.

Die Erzieherin könnte sich jetzt über den Egoismus von Faruks Mutter ärgern oder fordern, daß Faruk den Kinderladen ganz verlassen muß. Gibt es Lösungen, in denen Faruk sich nicht einfach nur anpassen muß oder ausgesondert wird? Lösungen, in denen seine Bedürfnisse mit dem Wunsch seiner Mutter, ihre Diplomarbeit zu beenden, vereinbar sind?

Die Erzieherin denkt sich noch einmal in Faruks Situation hinein. Was würde ihm guttun?
– Die Erzieherin könnte Faruk die Übergänge zwischen den beiden Welten erleichtern: ihn ausführlich erzählen lassen und zuhören, was bei den Großeltern war, vorschlagen, seine Erlebnisse dort zu malen, er darf eine Erinnerung an den Kinderladen, z. B. ein schönes Buch, zu den Großeltern mitnehmen.
– Am besten wäre es, wenn der Besuch des Kinderladens und die Aufenthalte bei den Großeltern aufeinander abgestimmt würden, so daß das Kind sich innerlich darauf einstellen kann.
– Eine solche Abstimmung setzt voraus, daß Faruks Mutter ihre Entscheidungen nicht „Hals über Kopf" trifft, sondern plant und dies mit ihrem Kind bespricht.
– Die anderen Kinder zeigen Faruk, daß sie ihn nicht vergessen und er seinen Platz in der Kindergruppe hat: Sie begrüßen ihn z. B. mit einem Lied und schreiben gemeinsam eine Postkarte.

- Sie erzählen im Stuhlkreis, was in der Zwischenzeit war.
- Die Erzieherin will mit der Mutter verabreden, daß Faruk möglichst früh gebracht wird, damit sie dann Zeit mit ihm allein hat.

Statt weiter über Faruks „auffälliges" Verhalten zu berichten, teilt die Erzieherin ihre Gedanken und Vorschläge mit. Faruks Mutter wirkt erleichtert und verwundert, daß keine Klagen kommen. Sie stimmt den Vorschlägen zu. In der folgenden Zeit zeigt die Erzieherin durch regelmäßige Nachfragen, wie sehr ihr die Einhaltung der Verabredungen am Herzen liegt. Sie berichtet Faruks Mutter außerdem über kleine Fortschritte und positive Veränderungen in seinem Verhalten.

Wir kommen nicht an die Ursachen heran

„Bei einigen Eltern sehe ich schon rot, wenn die reinkommen."
Darf eine Erzieherin so etwas denken? Abneigung, Enttäuschung und Wut sind da, auch wenn in Gesetzen die partnerschaftliche Zusammenarbeit mit allen Eltern gefordert wird.

Trotz größter Bemühungen gelingt es manchmal nicht, mit den Eltern zusammenzuarbeiten.

„Ich muß aufpassen", berichtet die Erzieherin in einer Vorschulgruppe, „daß ich meine Abneigung nicht auf das Kind übertrage." Sie berichtet von einigen Kindern, die offensichtlich regelmäßig Spätfilme sehen. „Die werden anscheinend zu Hause nur vors Fernsehen gesetzt." Defizite im sozialen Verhalten, Rückstände in der Sprachentwicklung und Konzentrationsprobleme sind ihrer Meinung nach die Folge. „Wenn ich diese Eltern anspreche, streiten sie einfach ab, daß ihre Kinder abends fernsehen. Zu meinen Beobachtungen sagen sie, ihr Kind sei doch ganz normal. Oder wenn ich sie frage, ob das Kind zu Hause auch aggressiv ist, sagen sie, nein, zu Hause ist er ganz lieb. Und wenn das Kind dann am nächsten Tag wieder von ‚Kung-Fu' erzählt, bin ich natürlich entsetzt."

Durch das Aussprechen dieser Gedanken kann die Erzieherin ihre Empfindungen für die Eltern und das Kind auseinanderhalten und so eine vergiftete Atmosphäre im Kindergarten vermeiden. Ein Kind ist niemals selbst schuld und verdient deshalb keinen Ärger, wenn es zuviel fernsieht. Wenn Eltern und Erzieherinnen nicht an einem Strang ziehen, ist es wichtig, das Kind nicht in einen Konflikt zu stürzen. Das Kind „darf" seine Eltern lieben und gleichzeitig eine enge Beziehung zur Erzieherin haben ohne Schuldgefühle. Dies wird möglich, wenn die Erzieherin ihre negativen Empfindungen nicht verleugnet und sich frei macht für die Beziehung zum Kind.

Die Bereitschaft, Kritik anzunehmen oder das eigene Verhalten infragezustellen, setzt im allgemeinen eine positive Beziehung voraus. Wenn die aber gar nicht existiert, vielleicht weil es von Anfang an nur Probleme gab und die Eltern sich rar machten, werden die Äußerungen der Erzieherin nicht als Hilfe aufgefaßt, sondern kommen in den „falschen Hals". Wahrscheinlich sieht nicht nur die Erzieherin rot, sondern die Eltern denken ebenso: „Was will sie sich jetzt wieder einmischen?" Unter diesen Voraussetzungen führen Gespräche meist zu nichts.

Bei „schwierigen Eltern" stellen sich Fragen wie:
Kann ich zu ihnen einen Draht aufbauen auf anderen Gebieten, damit eine zwischenmenschliche Basis da ist für Problem-Gespräche? Versuchen Sie herauszuhören, welche Interessen, Hobbys die Eltern haben, worauf sie stolz sind, und finden Sie dort Berührungspunkte. Keine Familie ist nur problematisch. Irgend etwas können Mütter und Väter gut. Vielleicht bringen sie sich mit ihren praktischen Fähigkeiten – etwas besorgen, reparieren, einen Kontakt herstellen, Gestaltung von Festen und Treffen – ein. Darüber bekommen sie Anerkennung, die Ihnen bei „heiklen" Gesprächen hilft.
In welchen Situationen kann ich den Eltern entspannt gegenübertreten?
Welche Situationen kann ich nutzen, um mit ihnen und ihrem Kind etwas Angenehmes zu tun? Haben die Eltern Möglichkeiten, etwas Positives für den Kindergarten zu tun?

„Wenn ich ehrlich bin, habe ich eine Stinkwut auf die Eltern von Christian. Wie kann man Kinder in die Welt setzen und sich dann gar nicht darum kümmern? Das Kind kommt verdreckt in die Kita, meistens ohne Frühstück. Und die Mutter ist so lieblos, daß ich Gänsehaut kriege. Der Lebensweg von ihm ist doch schon vorgezeichnet."
    Christians Erzieherin ist mal wieder am Ende ihrer Kräfte. Es laugt sie innerlich aus, nicht helfen zu können. Sie ist wütend, weil sie meint, die Erziehungsfehler von Eltern ausbaden zu müssen.
    In vielen Fällen ist offensichtlich, daß die Bedürfnisse des Kindes nach Zuwendung, Anerkennung und Förderung, auch Versorgtwerden (gesundes, regelmäßiges Essen, Schlaf) nicht erfüllt werden oder die Kinder zu Hause großen emotionalen Belastungen ausgesetzt sind. Die Situation schadet dem Kind, ist aber noch nicht im juristischen Sinn Vernachlässigung oder Mißhandlung. „Gerade an die Eltern, die es am nötigsten haben, komme ich nicht heran…" stellt die Kollegin resignierend fest.
    Diese Wut, diese Enttäuschung und Überforderung kann lähmen – auch den Kontakt zum Kind selbst. In Gesprächen mit Kollegen, der Kita-Leiterin und der Fachberaterin versucht die Erzieherin, ihre Emotionen für das Kind und die Eltern auseinanderzuhalten. Sie fragt sich: Mit welcher

inneren Einstellung begegne ich dem Kind? Wie schaffe ich es, das Kind nicht aufzugeben?

Zwischen dem Anspruch, das Kind „retten" zu wollen und der resignierenden Feststellung „Hat ja alles keinen Sinn bei der Familie" liegen realistische Zwischenschritte, die die Erzieherin für sich in Worte faßt: „Christian bekommt in seiner Familie weniger, als er braucht für eine gesunde Entwicklung. Das tut mir oft weh. Ich will versuchen, ihm in den Stunden, wo er hier ist, Zuwendung, Sicherheit, Anregung zu geben, auch wenn er mir immer wieder beweisen will, daß er böse ist und es nicht verdient."

Dabei können Erzieherinnen an ihre Belastungsgrenzen stoßen und auf das Kind wütend werden, was die Arbeit noch schwerer macht. Dann ist es wichtig, sich Überforderungen einzugestehen und Hilfe und Entlastung durch Teamgespräche und Beratung zu holen.

Gespräche mit Eltern: Grundüberlegungen und Leitfragen

Regelmäßige positive Rückmeldungen schaffen die notwendige Vertrauensbasis und Beziehung, um zu den Eltern bei Problemen einen Draht zu finden. Dafür sollten Tür-und-Angel-Gespräche und alle anderen Anlässe genutzt werden. In vielen Einrichtungen ist Elternarbeit immer noch gleichbedeutend mit Gesprächsabenden, die oft Problemthemen behandeln. Eltern, die in diesem Rahmen gehemmt sind und sich sprachlich nicht gut ausdrücken können, haben wenig davon. Zusammenarbeit mit Eltern sollte an den Fähigkeiten, nicht an Defiziten ansetzen.

Mütter und Väter, die das Gefühl haben, „die Erzieherin mag mein Kind", sind gesprächsbereiter. Eltern mit schwierigen Kindern fühlen sich oft auf die eine oder andere Weise schuldig, sie brauchen selbst Ermutigung, daß ihr Kind akzeptiert wird.

Berichte über die Überwindung von Problemen zeigen den Eltern, daß die Erzieherin von der positiven Entwicklung ihres Kindes überzeugt ist. Statt: „Tobias muß noch lernen zu teilen" könnte die Erzieherin sagen: „Tobias lernt gerade, Spielzeug abzugeben. Ich unterstütze ihn dabei und lobe ihn." Wenn Schwierigkeiten nichts Schlimmes sind, überwunden werden können, macht das Eltern lockerer und offener.

Eltern und Erzieherinnen sollen „zum Wohle des Kindes" zusammenarbeiten, heißt es im Jugendhilfe-Gesetz. Um diese Zusammenarbeit erfolgreich zu gestalten, ist es notwendig, die unterschiedlichen Verantwortlichkeiten zu beachten.

Erzieherinnen sind die Expertinnen für das Geschehen im Kindergarten. Aufgrund ihrer Fachkompetenz beobachten sie die Kinder, stellen Zusammenhänge her, formulieren Ziele, gestalten und lenken Abläufe.

Am besten gehen Sie die folgenden Fragen zunächst allein durch und besprechen sie dann auch noch mit Kolleginnen. Sie können klären, wer betroffen ist und wer Verantwortung übernehmen kann.

1. *Worum geht es?*

Über welches Verhalten will ich sprechen?

In welchen Situationen zeigt das Kind dieses Verhalten?

2. *Wer hat das Problem?*

Wer möchte, daß sich etwas verändert?

Wen würde es stören, wenn sich nichts ändert?

3. *Was möchte ich?*

Will ich den Eltern eine Information geben?

Möchte ich ihre Erfahrungen und ihre Meinung kennenlernen?

Möchte ich mit ihnen etwas vereinbaren?

Brauche ich ihre Mithilfe und wobei?

Was genau erwarte ich von den Eltern?

4. *Was fällt in meine fachliche Verantwortung als Erzieherin?*

Konkrete Beschreibung des Verhaltens auf der Grundlage einer genauen Beobachtung (s. auch die Anregungen in Kapitel 5).

Fragen formulieren, die mich in diesem Zusammenhang beschäftigen.

Begründen, was ich bisher getan habe.

Überlegen, welches Verhalten ich mir vom Kind wünsche: Dies in kleinen überschaubaren Schritten formulieren.

Überlegen, wie ich das Kind dabei unterstützen kann.

Und wo bleibe ich?

Zuwendungsbereitschaft und Verständnis sind sozusagen das berufliche Handwerkszeug von Erzieherinnen. Wo soll die Kraft dazu herkommen, wenn die Arbeitsbedingungen schwierig sind oder sich sogar verschlechtern?

Man kann sich im Interesse der Kinder zum Durchhalten zwingen: „Ich kann einfach nicht abschalten. Es geht mir alles so nah mit den Kindern." Oder man kann sich schützen hinter einer gleichgültigen Haltung: „Ab jetzt tu ich nur noch das Notwendigste, schließlich fragt mich auch niemand, wie es mir geht."

Weder mit der einen noch mit der anderen Haltung werden Sie auf Dauer viel Freude im Beruf erleben. Welchen Weg gibt es zwischen Resignation und Totalengagement?

Für das eigene Wohlbefinden zu sorgen ist eine der wichtigsten Strategien im Umgang mit schwierigen Kindern. Streß schränkt Wahrnehmung und Erleben ein, die Schwelle der Reizbarkeit sinkt, Konflikte scheinen plötzlich unlösbar und gegen einen selbst gerichtet. Beruflichen Streß zu reduzieren geht deshalb nicht zu Lasten der Kinder, sondern ist notwendig zugunsten der Kinder. Mit einer entspannten Haltung fallen einem mehr Möglichkeiten ein, man kann mal „fünfe gerade sein lassen" oder über etwas lachen.

Sicherlich fallen Ihnen viele Möglichkeiten ein, wie andere Ihren Streß reduzieren könnten, vorrangig durch die Verbesserung von Arbeitsbedingungen. Es gibt jedoch auch selbstgemachten Streß, der aus unrealistischen Zielsetzungen und Erwartungen an sich selbst und andere entsteht.

Erzieherinnen sind nicht für alles Elend der Welt zuständig. Sie haben in der Regel keinen Einfluß auf Familien und deren Lebensbedingungen. Diese Abgrenzung ist notwendig und ermöglicht, Kraft zu schöpfen und die Zeit im Kindergarten mit den Kindern intensiv und kreativ zu gestalten.

Einige Möglichkeiten, beruflichen Streß durch realistische Ziele und Erwartungen zu reduzieren

- Institutionelle Grenzen akzeptieren: „Eine Kindertagesstätte kann Familien nicht ändern."
- Im Beruf mehr darauf achten, was mir selbst Spaß macht: „Eine Erzieherin braucht nicht alles zu können, und Begeisterung ist ansteckend."
- Nein sagen zu Dingen, die ich nicht leisten kann.
- Hilfe annehmen und sich holen, statt alles allein zu lösen: „Ich brauche Unterstützung von euch, weil ich allein nicht weiter weiß."
- Sich von Selbst-Anklagen freimachen wie etwa: „Als gute Erzieherin sollte ich eigentlich mit diesen Aggressionen fertig werden." „Eigentlich fehlt diesen Kindern... (Zuwendung, Nestwärme usw.) – und nur ich kann sie ihnen geben."
- Lernen, Ärger an der richtigen Stelle loszuwerden: Ärger mit Kollegen oder Eltern nicht zu den Kindern mitnehmen.
- Eigene aggressive Gefühle nicht verleugnen, in angemessener Weise zeigen: „Eine Erzieherin muß nicht immer freundlich sein."
- Sich durch Entspannungstechniken beruhigen.
- Viele Möglichkeiten nutzen, um selbst Anerkennung von Kindern, Eltern, Kolleginnen zu bekommen.

Wenn Sie mit Aggressionen besser umgehen wollen, heißt das auch, daß Sie auf ein gutes Team-Klima achten, eine Atmosphäre, in der die Erwachsenen sich wohl fühlen und Spaß haben.

Literaturverzeichnis

Bach, G. R. / Goldberg, H.: Keine Angst vor Aggression. Frankfurt 1981

Bandura, Albert: Aggression. Stuttgart 1979

Bettelheim, Bruno: Erziehung zum Überleben. Stuttgart 1980

Büchner, Peter: Vom Befehlen und Gehorchen zum Verhandeln. In: Ulf Preuß-Lausitz (Hrsg.): Kriegskinder – Konsumkinder – Krisenkinder. Weinheim 1983

Büttner, Christian: Wenn Liebe zuschlägt. München 1984

Büttner, C. / Dittmann, M. (Hrsg.): Brave Mädchen, böse Buben? Weinheim und Basel 1992

Colberg-Schrader, H. / Krug, M. / Pelzer, S.: Soziales Lernen im Kindergarten. München 1991

Fritz, Jürgen: Spielzeugwelten. München 1989

5. Familienbericht, Bundestags-Drucksache 12/7560. Bonn 1994

Hacker, Friedrich: Aggression. Düsseldorf 1985

Hipfl, Brigitte: Gewaltdarstellungen im Fernsehen und ihre Bedeutung für die Entwicklung der Kinder. In: Stefan Aufenager: Neue Medien – Neue Pädagogik. Bundeszentrale für politische Bildung. Bonn 1991 .

Hurrelmann, Klaus, u. a. (Hrsg.): Anti-Gewalt-Report. Weinheim 1995

Jaschke, Helmut: Böse Kinder – böse Eltern? Mainz 1990

Jørgensen, Margot / Schreiner, Peter: Kampfbeziehungen. Reinbek 1990

Krenz, Armin: Gibt es Gewalt im Kindergarten? In: Kindergarten heute, Heft 6/92

Langosch-Fabri, Hella: Alte Kinderspiele neu entdecken. Reinbek, 6. Aufl. 1995

Mitscherlich, Margarete: Die friedfertige Frau. Frankfurt 1985

Nolting, Hans-Peter: Lernfall Aggression. Reinbek 1995

Petermann, F. / Petermann, U.: Training mit aggressiven Kindern. Weinheim 1994

Petri, Horst: Umweltzerstörung und die seelische Entwicklung unserer Kinder. Zürich 1992

Preuß-Lausitz, U. / Rülcker T. / Zeiher H. (Hrsg.): Selbständigkeit für Kinder – die große Freiheit? Weinheim 1990

Rogge, Jan-Uwe: Umgang mit dem Fernsehen. Ein Handbuch für Erzieherinnen, Lehrer und Eltern. Neuwied, Kriftel, Berlin 1996

Rogge, Jan-Uwe: Eltern setzen Grenzen. Reinbek, 3. Aufl. 1996

Rogge, Jan-Uwe: Kinder brauchen Grenzen. Reinbek, 10. Aufl. 1996

Sattler, Ulrike: Strukturen für ein demokratisches Miteinander. In: Theorie und Praxis der Sozialpädagogik. Heft 2/92

Schnack, D. / Neutzling, R.: Kleine Helden in Not. Reinbek 1990

Schubert, Bettina: Rechtsextremismus in der Schule? Berliner Institut für Lehrerfort- und Weiterbildung und Schulentwicklung. Berlin 1995

Senatsverwaltung für Jugend und Familie: Berlin 3000. Kinder und Jugendliche schreiben über Berlin im Jahre 3000.

Sommerfeld, Verena: Krieg und Frieden im Kinderzimmer. Über Aggressionen und Action-Spielzeug. Reinbek, 2. Aufl. 1992

Valtin, Renate: Mit den Augen der Kinder. Reinbek 1991

Weber-Kellermann, I. / Falkenberg, R.: Was wir gespielt haben. Frankfurt/M. 1992

von Wiese, Leopold: Kadettenjahre. Ebenhausen 1978

Wolfram, Wolf-Wedigo: Präventive Kindergarten-Pädagogik. München 1995

Zeiher, Helga: Die vielen Räume der Kinder. In: Ulf Preuß-Lausitz, (Hrsg.): Kriegskinder – Konsumkinder – Krisenkinder. Weinheim 1983

Über die Autorin

Verena Sommerfeld, Jg. 1951, eine Tochter, lebt in Berlin. Selbständige Fortbildungsdozentin, Supervisorin und Beraterin für Bildungseinrichtungen, Träger und Verbände der Sozialen Arbeit.

Seit 15 Jahren führt sie Fortbildungen und Projekte zu den Themen „Gewalt und Aggression im Lebensumfeld von Kindern", „Action-Spielzeug", „Kommunikation und Konfliktlösung" und „Zusammenarbeit mit Eltern" durch.

Neben Fachaufsätzen und Zeitschriftenbeiträgen hat Verena Sommerfeld 1991 das Buch „Krieg und Frieden im Kinderzimmer. Über Aggressionen und Action-Spielzeug" veröffentlicht (rororo Nr. 8807, 2. Aufl. 1992).